Geschichte

des

Ursprungs der Regalien in Deutschland.

Von

Karl Dietrich Hüllmann,

Professor der Geschichte zu Frankfurt an der Oder.

Ein Nachtrag zu des Verfassers Deutscher Finanzgeschichte des Mittelalters.

Frankfurt an der Oder,

in der Akademischen Buchhandlung.

1806.

Vorbericht.

Der Verfasser ist vor kurzem veranlaßt worden, die Geschichte sowohl des Ursprungs der Regalien, als des Begriffs derselben, weitläuftiger auszuarbeiten, als es in der Deutschen Finanzgeschichte des Mittelalters geschehn ist. Von einigen Regalien ist in diesem Versuche der Ursprung weiter ausgeführt worden, von andern die historische Bearbeitung neu hinzugekommen: daher können diese Bogen als Nachtrag zu jenem Werke angesehn werden. Da sie jedoch auch ein vollständiges, unabhängiges Ganzes ausmachen sollen, so wird der vergleichende Leser die etwa vorkommenden Wiederholungen entschuldigen.

Der Verfasser.

I.

Geschichte des Begriffs der Regalien.

Der Verfasser wird die Leser nicht durch Anführung der verschiedenen, über den Ursprung und Begriff der Regalien bekannt gewordenen, Meinungen, ermüden, sondern ohne Umschweife das Resultat vorlegen, das ihm aus der Zusammenstellung und Vergleichung der vorzüglichsten, diesen Gegenstand betreffenden, historischen und diplomatischen Stellen, hervorzugehn scheint. Betrachtet man die Summe der letztern mit Aufmerksamkeit, so wird man genöthigt, in historischer Hinsicht einen doppelten Begriff der Regalien anzunehmen: einen engern und einen weitern.

1.

Regalien in ursprünglicher, engerer Bedeutung.

Dem Grundbegriffe nach sind Regalien und Fiskalien unverkennbar identisch: Rechte des Fiskus, in der frühern engern Bedeutung dieses Worts; also:

königliche Nutzungen, den Fürsten und mehrern Städten durch Schenkungen oder Belehnungen abgetreten, oder durch Privilegien vergünstigt.

Fast alle diese Nutzungen haben sich die Könige zuerst, entweder in grundherrlicher Eigenschaft, auf ihren Domainenländereyen, oder in landesherrlicher Eigenschaft, auf Privatgrundstücken, angemaßt, ein einziges, das Münzrecht, ausgenommen, das aus der Römischen Verfassung herstammt; darauf haben die Könige entweder grundherrlich, bey Veräusserung von Domainengrundstücken, diese Rechte als Zugehörungen mit verliehn, oder landesherrlich und anmaßlich den nacheifernden Magnaten, und weiterhin mehrern Städten, durch Privilegien die Ausübung gestattet.

In Beziehung auf die Könige heißen diese lukrativen Rechte meistentheils und vorzugsweise Regalien; z. B. in einer Zuschrift der Sächsischen Großen an den Römischen Bischof, worin sie unter andern über die Zersplitterung der Regalien klagen; [1]) zuweilen aber werden sie Fis.

1) Literae Saxonum ad Gregorium VII. a. 1079. in Brunonis historia belli Saxonici, ap. Freher. scriptt. rer. Germ. T. I. p. 219. (Ed. 1717.): „tanta profligatio „*regalium*, ut reges nostrarum partium rapinis po„tius, quam *regalibus*, sustentandi sint.“

kalien genannt [1]); auch werden Regalien und Rechte des Fiskus vermischt, und als identisch, gebraucht. [2]) In Beziehung auf die Stifter und Klöster, die weit früher, als die weltlichen Fürsten, solche lukrative oder Finanz-Gerechtsame entweder als Zugehörungen verliehener Grundstücke, oder durch Privilegien, von den Königen erworben haben, wird der Ausdruck Regalien, d. i. königliche Nutzungen, beibehalten. Wenn z. B. von Regalien des heiligen Petrus die Rede ist, [3]) können damit bloße Nutzungen gemeint seyn. Denn da unter Gerechtsamen im Mittelalter meistentheils Gefälle verstanden wurden, so sind die Privilegien in Ansehung der Besitzungen und Finanzgerechtsamen, welche der Herzog Heinrich der Löwe den Bischöfen im Wendischen Sachsen bewilligte, [4]) ein Seitenstück zu den Besit-

---

1) Ludovici regis dipl. a. 902. ap. Hontheim. hist. Trev. T. I. p. 253: „monetam, telonium, censuales, tribu„tum ac medenam agrorum, *cum fiscalibus omnibus*, „quae — de episcopatu obstricta etc."

2) Radevic. de gestis Friderici I. l. II. c. 5. ap. Urstis. P. I. p. 509: „in manum principis *regalia* reddide„re; — — his omnibus *in fiscum* adnumeratis etc."

3) Friderici I. constitutio de pactis, inter imperium et ecclesiam servandis, publicata in comitiis Constantiensibus a. 1152. ap. Goldast. Const. imp. T. III. p. 332.

4) Helmold. Chron. Slav. l. I. c. 87. ap. Leibnitz. scriptt

zungen und Regalien des heiligen Petrus, welche der Kaiser Heinrich der fünfte dem Römischen Bischofe wieder einzuräumen versprach. [1])

Noch verdienen folgende Stellen als Belege angeführt zu werden, daß die, den Prälaten vergünstigten, königlichen Rechte, den Namen Regalien beibehalten haben, und daß darunter oft blosse Nutzungen verstanden worden sind. Auf einem Zuge jenseit der Alpen im Jahre 1154 hatten einige weltliche und geistliche Vasallen eine Lehnpflicht versäumt. Durch solche Vergehungen waren die Lehne verwirkt: daher verloren nicht nur die Layen ihre Lehne, sondern auch zwey Bischöfe, die von Bremen und Halberstadt, ihre Regalien. [2]) Da jedoch die letztern nicht den Personen der Prälaten, sondern den geistlichen Körperschaften einge-

---

rer. Bruns. T. II. p. 612: „dedit eis (episcopis) dux „(Henricus) privilegia de *possessionibus et justitiis.*"

1) Henrici V. dipl. a. 1122. ap. Conrad. Ursperg. ad a. 1122. p. 204; et ap. Baron. T. XII. p. 151: „*pos-* „*sessiones et regalia* beati Petri sanctae Romanae „ecclesiae restituo."

2) Otto Frising. de gestis Friderici I. l. II. c. 12. a. 1154. „ap. Urstis. P. I p. 452: „omnes omnium bene- „ficiati, qui sine bona voluntate dominorum suorum „domi remanserunt, *in feudis* condemnantur. Hunc „morem principe secuto, non solum *laicorum feuda,* „sed et quorundam episcoporum, id est Hartvici Bre- „mensis, et Ulrici Halberstatensis, *regalia,* abjudi- „cata fuere."

räumt worden waren, [1]) und den Prälaten blos in der Eigenschaft als zeitigen Repräse tanten der moralischen Person des Lehnbesitzers die Verwaltung zustand: so verloren die genannten Stifter ihre Regalien nicht auf immer, sondern blos die Ausübung derselben so lange die Bischöfe lebten, die sie verwirkt hatten. Hier werden fiskalische Lehne und Regalien zusammengestellt; es wird erzählt, daß beide nach gleichem Grundsatze behandelt worden sind. Da nun damahls die Lehne der Layen noch in lauter Nutzungen bestanden, so g lt dies auch, wegen der Gleichstellung in dieser Nachricht, von den Regalien der Bischöfe. Zur Bestätigung dient noch die lehnrechtliche Observanz, daß kein Bischof die Regalien an Ritter als Afterlehne vereinzeln durfte, bevor er nicht selbst die königliche Belehnung erhalten hatte. [2]) Es sind aber damahls gewiß keine andere, als lukrative, Rechte an Subvasallen überlassen worden.

2.

Regalien in nachheriger, weiterer Bedeutung.

Durch die mangelhafte Staatsverfassung Deutschlands, und das verführerische Beispiel des Römi-

---

1) Ibid: „regalia — personis tantum abjudicata fuere' „quia non personis, *sed ecclesiis perpetualiter,* a „principibus tradita sunt."

2) Id. c. 28. a. 1165. p. 469: „*regalia,* quae juxta ra-

schen Bischofs, wurden die Deutschen Prälaten frühzeitig auf Plane der Herrschsucht geführt. Bekanntlich waren es die Bischöfe und Aebte, die, im Gefühle ihrer Unentbehrlichkeit, ihres politischen und kirchlichen Einflusses, die beständige Verlegenheit der Könige benutzten, dreiste Forderungen machten, oder durch Frauen, Prinzen, Günstlinge, machen ließen, durch erbetene, erschlichene, ertrotzte Privilegien allmählig die Territorialverfassung bildeten, und die weltlichen Magnaten zu gleichen Forderungen und Anmaßungen verführten. Nicht zufrieden mit Gütern und Nutzungen, wollten sie bürgerlich herrschen, um auch hierin den weltlichen Großen gleich zu seyn. In dem Zeitraume vom elften bis zum dreyzehnten Jahrhunderte gelangten sie auf vielerley Wegen zum Besitze königlicher Vogteyen; zum Waffen- und Befestigungs-Rechte; zur Verwaltung von Grafschaften, Markgrafschaften, Herzogthümern; zur Grundherrlichkeit und Gerichtsbarkeit über königliche, zu Städten emporsteigende, Villen; und zur Verwaltung der Handelspolizey.

In Ansehung derjenigen Stifts- und Kloster-Güter, die entweder von den Königen an die geistliche Anstalt abgetreten waren, oder über die wenigstens die Könige die Mundschaft besaßen, stand

---

„tiones curiae nulli episcoporum militi, antequam „de manu principis suscipiantur, tradere licet."

diesen das Recht zu, den Vogt anzusetzen, welcher die Gerechtsame der Besitzer wahrzunehmen, und die Gerichtsbarkeit über die Unterthanen zu verwalten, hatte. Bey der zunehmenden allgemeinen Gesetzlosigkeit wagten aber die Kirchenvögte bald die gröbsten Rechtsverletzungen, plünderten und drückten die Herrschaften wie die Unterthanen; so daß die Prälaten mit unermüdeter Anstrengung darnach trachteten, diese gefährlichsten Feinde zu entfernen. Auf mehrfache Weise gelang es der Geistlichkeit endlich, sich von den meisten Vögten zu befreyen, und sich selbst die Vogtey über ihre Güter zu erwerben, das heißt, sich selbst zu schützen, und die Gerichtsbarkeit selbst zu verwalten. Zahllose Beyspiele sind davon in den Chroniken und Urkundensammlungen vorhanden.

Eine gewisse Zahl von Haustruppen hatte sich jeder Prälat seit langer Zeit gehalten, es stand ihm aber keineswegs die freie Disposition darüber zu; er unterhielt sie blos für den königlichen Dienst; er mußte sie, vermöge der Lehnverhältnisse, als Contingent stellen, wenn sie der König entbot; entweder er selbst, oder der Kirchenvogt, führte sie ins Feld. Da den Stiftern und Klöstern noch keine eigentliche Militairgewalt zustand, so durften sie auch keine feste Plätze anlegen; dies Recht übte noch der König auf ihren Territorien.

Nun aber, da sie sich selbst schützten, oder, wenn sie noch unter Vögten standen, von diesen durchaus vernachlässigt wurden, erwarben sie sich von den Königen das Recht, sowohl ihre Haustruppen, als das Landvolk, selbst zu entbieten, [1]) und zu ihrer Sicherheit Schlösser oder Mundburgen anzulegen, [2]) also das Waffen- und Befestigungs-Recht.

Schon seit Otto dem ersten ward durch einige Handlungen des Nepotismus die Begierde der Prälaten aufgeregt, weltliche Aemter zu verwalten. Der Bruder dieses Königs, Brun, Erzbischof von Cölln, ward zugleich Herzog von Lothringen. [3])

---

1) Chronicon Halberstadt. circa a. 995. ap. Leibnitz. Bruns. T. II. p. 118: „*regalem heribannum* super „milites liberos et servos ecclesiae ab imperatoris „munificentia Halberstadensi ecclesiae impetravit."

2) Ottonis I. dipl. a. 963. ap. Meibom. T. I. p. 747: „concedimus — in cunctis sui episcopii possessioni-„bus, ubicunque sibi melius visum fuerit, *castella* „*cum turribus* et propugnaculis erigere."

Henrici II. dipl. a. 1013. ap. Schaten. annal. Paderb. p. 403: „dicens (episcopus Hildesheim.), sibi „ab antecessore nostro jus speciale, castellum aedi-„ficandi, quod *mundburg* vocatur, in ripa Alerae flu-„minis permissum fuisse, *ad munimentum et tuitio-„nem contra perfidorum incursionem etc.*"

Conradi II. dipl. a. 1029. ap. Hund. Metrop. T. I. p. 96.

Ejusd. dipl. a. 1034. ap. Schannat. Vindem. Coll. II. p. 110.

3) Reginon. Chron. a. 953.

Von diesem Erzstifte kommen in der Folge Beispiele vor, daß die herzogliche Würde über gewisse Provinzen für immer mit dem erzbischöflichen Stuhle verbunden gewesen ist, namentlich die, über das Herzogthum Westphalen. [1]) Daß Grafschaften und deren Verwaltung mit Bischofthümern und Abteyen verbunden worden sind, die alsdann durch prälatische Ministerialen verwaltet wurden, davon sind viele unzweifelhafte Beispiele vorhanden. Dem Stifte Bamberg ward schon von Conrad dem zweiten der Besitz seiner Grafschaften bestätigt; [2]) Wirzburg hatte schon um die Mitte des elften Jahrhunderts fast alle, innerhalb des geistlichen Sprengels liegende, Grafen-Aemter an sich gebracht, wodurch die Würde eines Herzogs zusammengesetzt ward; [3]) Paderborn erhielt durch Verwendung des zudringlichen Bischofs Meinwerk von Heinrich dem zweiten mehrere Grafschaften; [4])

Siegbert. Gembl. a. 957.
Ditmar. Mers. l. II. ap. Leibnitz. I. p. 335.

1) Friderici I. dipl. a. 1180. ap. Schaten. annal. Paderborn. p. 851.

2) Conradi II. dipl. a. 1034. ap. Schannat. Vindem. Coll. II. p. 110.

3) Adam. Brem. hist. eccl, c. 162. vel. l. IV. c. 5: „ipse (episcopus Wirzeburgensis) cum teneat *omnes comitatus suae parochiae,* ducatum etiam provinciae gubernat."

4) Henrici II. dipl. a. 1011. ap. Schaten. l. c. p. 394. Ejusd. dipl. a. 1021. ap. eund. p. 442.

Worms erwarb von demselben eine Grafschaft am Rhein; [1]) Hildesheim bekam von eben diesem Könige eine Grafschaft zu Lehn; [2]) Bremen brachte durch Kauf und Schenkung mehrere Grafschaften an sich. [3]) Eben dies ist von mehrern Abteyen bekannt, z. B. von Gandersheim, [4]) Corvey.[5])

Nicht weniger trachteten die Vorsteher der geistlichen Anstalten nicht blos nach der Grundherrlichkeit über solche königliche Villen, die sich durch Handel und Verkehr zu Handelsplätzen ausbildeten, sondern auch theils nach der Handelspolizey in denselben, [6]) theils nach der Civil- und

---

Vita Meinwerci, c. 71. ap. Leibnitz. Bruns. T. I. p. 550.

1) Henrici II. dipl. a. 1011. ap. Schannat. hist. Worm. T. II. N. 45. p. 38.

2) Henrici II. dipl. a. 1013. ap. Schaten. l. c. p. 403.

3) Henrici IV. dipll. a. 1062. ap. Lindenbrog. p. 140. 141. 142.

Adam. Brem. l. c.

4) Henrici II. dipl. a. 1021. ap. Leuckfeld. antiqq. Gandersh. p. 116. et ap. Schaten. l. c. p. 444.

5) Ottonis IV. dipl. a. 1198. ap. Schaten. l. c. p. 921.

6) Chron. episc. Verdens. a. 985. ap. Leibnitz. Bruns. T. II. p. 215: „mercatum, monetam, teloneum et „*bannum.*"

Chron. Halberstadt. circa a. 995. ibid. p. 118: „mercatum cum teloniis ac monetis, ac *regio banno.*"

Henrici II. dipl. a. 1004. ap. Schöpflin. Alsat. dipl. T. I. p. 148: „cum thelonio et vectigali, et *universa publica functione.*"

Criminal-Jurisdiction, [1]) oder dem Burgbann. Zu den Beispielen gehören unter andern die Abteyen Corvey, [2]) und Gandersheim, [3]) denen der Burgbann sowohl über den geschlossenen Ort, auf dessen Grunde und Boden das Kloster erbauet war, als über einige andere Villen, verliehen wurde.

Anfänglich waren es bloße lukrative Rechte gewesen, die sich die Prälaten durch Schenkungen und Privilegien erworben hatten, und die davon königliche Rechte genannt wurden. Jetzt kamen wirkliche Regierungsrechte hinzu, Theile der nachherigen Landeshoheit; man nannte dieselben gleichfalls königliche Rechte, weil sie auf demselben Erwerbgrund ruhten. In einem Investiturstreite zwischen Paschalis dem zweiten und Hein-

---

Henrici III. dipl. a. 1056. ap. Zylles. P. III. p. 41: „mercatum cum moneta, teloneo, ac *totius publicae* „*rei functione et dispositione.*"

1) Petri, episc. Patav., dipl. a. 1277. ap. Hund. Metrop. Sal. T. I. p. 259: „forum Trebense, cum — judicio „videlicet *causarum civilium et criminalium seu sanguinis.*"

2) Ottonis I. dipl. a. 940. ap. Falk. tradd. Corbej. p. 209. Conradi III. dipl. a. 1147. ap. Tolner. cod. dipl. Pal. p 49: „praefecturam urbis, quae vulgo dicitur „*Burgbann.*"

3) Ottonis II. dipl. a. 980. ap. Leuckfeld. antiqq. Gandersh. p. 107. et ap. Leibnitz. l. c. T. II. p. 376. „urbalem bannum, quem vulgariter *Burgban* „vocant."

rich dem fünften, worin der weltliche Oberherr Roms auf kurze Zeit dem geistlichen überlegen war, sah sich der letztere dahin gebracht, um nur das, zur Vollendung der geistlichen Ober-Autorität unentbehrliche, Recht der Investitur der Prälaten zu erwerben, dem Kaiser, auf Kosten der Deutschen Stifter und Klöster, ein Restitutions-Edikt anzubieten, d. i. den Vorschlag zu thun, die geistlichen Anstalten sollten, ohne Ausnahme, alle, ihnen eingeräumte Regalien, an den Fiskus zurückgeben, und mit den Zehenten und milden Gaben zufrieden seyn. Hier werden unter den Regalien vermischte lukrative und nicht-lukrative Rechte aufgezählt: Städte, Herzogthümer, Markgrafthümer, Grafschaften, Münz- Zoll- und Markt-Gerechtsame, Vogteyen, Villicationen, Schlösser, Waffen- und Befestigungs-Recht. [1]) Ein Vorschlag der Verzweifelung,

---

1) Henrici V. mandatum ap. Dodechin. append. ad Mar. Scot. a. 1110. et ap. Siegbert. Gembl. a. 1111: „*regalia,* id est, civitates, ducatus, marchias, comitatus, monetas, telonium, mercatum, advocatias, omnia jura centurionum, id est villicorum, turres et villas, quae regni erant, cum omnibus pertinentiis suis, militiam et castra.

Conrad. Ursperg. a. 1111. p. 194: „ducatus, marchias, comitatus, advocatias, monetas, thelonea, caeterorumque *regalium,* quae possident (ecclesiae) summam.“

felung vom Gefängnisse aus gethan. Wäre er durchgesetzt worden, so hätten freilich alle königliche Feudal-Investituren von selbst aufgehört. Aus den heftigen Bewegungen, die er verursachte, nahmen die beiden Herrn Roms und der Welt die Unmöglichkeit der Ausführung ab, die Unmöglichkeit, die verwöhnten Geistlichen in den einfachen Ur-Stand zurück zu versetzen. Dem geistlichen Souverain konnte es auch nicht Ernst seyn, das Fußgestelle zu zertrümmern, auf dem er so hoch stand. In den mehrjährigen Investiturstreitigkeiten behauptete endlich der geistliche Statthalter des Staats Gottes die Oberhand über den weltlichen; die Stifter und Klöster behielten ihre Regalien; doch ward festgesetzt, daß der Kaiser die Prälaten in die Verwaltung derselben nicht mehr vermittelst der geistlichen Insignien, sondern vermittelst des Zepters, einsetzen sollte. [1])

In weiterm Sinne wurden demnach in den mittler Jahrhunderten unter Regalien

alle, den Fürsten und Städten von den Königen vergünstigte, Rechte,

---

Conventio ex parte Paschalis. P. P. II. d. a. 1111. ap. Baron. T. XII. p. 74.

1) Calixti II. dipl. a. 1122. ap. Conrad. Ursperg. ad a. 1122. p. 204. et ap. Baron. l. c. p. 152: „(electus „episcopus) *regalia* per sceptrum a te recipiat."

verstanden, ohne Unterschied der lucrativen und nicht-lucrativen. Dieser Begriff war theils auch in der Lombardei der herrschende, wo, auf gleiche Veranlassungen, dieselben Staatszerrüttungen eintraten; [1]) theils in der Römischen Kanzley, wo die Kirchenvogtey ausdrücklich ein Regal genannt wird. [2])

Da die Investitur der Bischöfe und Aebte die Handlung war, vermittelst welcher dem neuen Prälaten die Verwaltung der, dem Stifte oder Kloster verwilligten, königlichen Nutzungen und Rechte, übertragen wurde, so wird unter Verleihung der Regalien immer die Investitur verstanden, [3]) und — prälatische Regalien,

---

1) Radevic. de gestis Friderici I. l. II. c. 5. a. 1158. ap. Urstis. P. I. p. 509: „in manum principis *regalia* „reddidere, — — adjudicaverunt ducatus, marchias, „comitatus, consultatus, monetas, telonia, fodrum, „vectigalia, portus, pedatica, molendina, piscarias, „portus, omnemque utilitatem ex decursu fluminum „provenientem, nec de terra tantum, verum etiam de „suis propriis capitibus, census annui redditionem."

2) Gregor. P. P. X. in concil. Lugdun. a. 1274. c. XII. ap. Labbeum T. XI. P. I. p. 982: „universos et „singulos, qui *regalia*: custodiam sive guardiam „advocationis, vel defensionis titulum, in ecclesiis, „monasteriis — usurpare conantes etc."

3) Chronicon Magdeburg circa a. 1126. ap. Meibom. T. II. p. 326: „sacramento regi debito *regalibus* ab „eo per sceptrum investitus"

Otto Frising. de gestis Friderici I. l. II. c. 6. a. 1152. ap. Urstis. P. I. p. 449: „nec electum (episcofrüher, und von größerm Umfange, als die, der meisten weltlichen Fürsten, waren identisch mit *Temporalien*, [1]) im Gegensatze der geistlichen Gerichtsbarkeit.

3.
Regalien in der heutigen, wiederum engern Bedeutung.

Seit der Ausbildung der Deutschen Nation überhaupt, und insbesondere seit der Entwickelung der landständischen Verfassung, zog in den meisten Territorien, vorzüglich in den größern, der

„pum) ante consecrandum, quam ab ipsius (impera„toris) manu *regalia* per sceptrum suscipiat."

Rudolphi regis dipl. a. 1287. ap. Erath. cod. dipl. Quedlinburg. p. 284: „si officialibus curie nostre de „jure curie et de *regalibus* solucionem fecisti debi„tam etc."

1) Henrici, Romanorum regis, filii Friderici II., literae a. 1221. ap. Schannat. Vindem. T. I. p. 192: „eun„dem de *regalibus sive temporalibus* episcopatus „Hildesheimensis, et *omni honore*, quem sui ante„cessores de gratia imperii, ejusdem episcopatus ra„tione, tenuerant, investivimus."

Sigismundi, Romanorum regis, diplomata aa. 1418 et 1437. ap. Kettner. antiqq. Quedlinburg. p. 493. 495: „tibi regalia ecclesiae tuae contulimus, — ut „quibuscunque actibus, *regalia et temporalitatem* „ecclesiae tuae concernentibus, plenam habeas et „exercere possis et valeas potestatem."

Staat in Hinsicht auf Finanzen, Polizey und Justiz, bei weitem mehr Dinge in seinen Wirkungskreis, als vormahls. Es entstanden theils neue Regierungsrechte, theils wurden die bisherigen, den Fürsten durch königliche Privilegien zustehenden, sehr erweitert. Zugleich aber mit jener Entstehung und dieser Erweiterung ward die **Theilnahme der Landstände** constitutionell. **Regalien** konnten diese Rechte nicht heißen; denn mit jenen verband man wesentlich die Vorstellung von **Rechten, die der König entweder durch Abtretung eingeräumt, oder durch Privilegien verwilligt, hatte**; diese aber beruhten auf einem andern Grunde. Daher ward es herkommlich, die Benennung Regalien auf

> diejenigen Rechte, welche, in der Regel, die Fürsten und Städte wirklich und in dem Umfange von den Königen durch Abtretung oder Privilegierung erhalten hatten, also auf fiskalische Nutzungen,

wieder einzuschränken. Die Landesverfassung ward in den meisten Theilen der Reichsverfassung nachgebildet, wie diese es schon längst in manchen Stücken der Römischen war. Es war nun die Rede von einem **Territorial-Fiskus**, im Gegensatze der landständischen Wirthschaft. Bei den Rechten, die entweder die Landstände mit den Fürsten theilten, bei deren Ursprunge also die Könige nicht wirksam gewesen waren, (z. B. dem Besteurungsrechte), oder die die Könige nicht ausschließlich, sondern unter Concurrenz der Reichsstände, oder endlich, die sie bei weitem nicht in dem Umfange, bewilligt hatten, enthielt man sich verfassungsmäßig des Namens Regalien. Derselbe blieb allein den territorialfiskalischen Nutzungen.

II.

Geschichte des Ursprungs der meisten Finanzregalien.

Aus dem Gesichtspunkte der Veranlassung und Entstehungsart lassen sich die Regalien in der heutigen Bedeutung, d. i. die nutzbaren oder Finanz-Regalien, am füglichsten auf folgende Weise classificiren.

1) Staatsnutzungen, aus dem Altdeutschen Nationalsystem der Grundherrlichkeit entstanden: Jagd, Fischerey, nebst der übrigen Benutzung größerer Gewässer, Mühlenrecht, Zoll- und Markt-Recht, Juden-Gefälle.

2) Eine Staatsnutzung, aus der Römischen Verfassung beibehalten: Münzrecht.

3) Staatsnutzungen, durch die Verbindung der beiden Würden eines Deutschen Königs und Römischen Kaisers veranlaßt: Salinen und Bergwerke.

4) Staatsnutzungen, neuerlich in den Territorien entstanden, und fälschlich Regalien genannt.

I.

Staatsnutzungen, aus dem Altdeutschen Nationalsystem der Grundherrlichkeit entstanden.

a)

Jagd.

Es kann mit vielen historischen Beweisen belegt werden, daß zwar, seit dem Ursprunge des Frankenstaats, die Holznutzung, die Weide und Mastung, in den Wäldern, Privat-Eigenthum gewesen, und als Zugehörungen der Landgüter betrachtet worden sind; die Jagd aber, als bloßes Vergnügen, und als eine Sache, bei der es blos auf wilde, in Niemandes Privatbesitze befindliche, Thiere ankömmt, überall, und großentheils bis ziemlich tief in das Mittelalter, frey gewesen ist, allen Gutsbesitzern, deren Grundstücke an die Waldung stießen, zugestanden hat, und blos in den Gebüschen, die von dem Gebiete einer Grundherrschaft umgeben waren, privative oder Gehäge-Jagd ausgeübt worden ist. Denn in zweien bekannten Stellen der ältesten Rechtsgewohnheiten [1]) ist nicht

1) Lex Ripuar. tit. 42.
Lex Sal. Tit. 35.

die Rede von Wilddieberey in Privatgehölzen, sondern blos von der Strafe, die auf die Entwendung oder Verhehlung eines verlaufenen, von andern Jägern bereits angeschossenen, Wildes, das diesen vermöge des Rechts der Jagdfolge zugehörte, gesetzt war. Noch im elften Jahrhunderte finden sich deutliche Spuren von dieser altherkommlichen, freyen Koppeljagd aller Grenznachbarn. [1])

Doch kamen die Fränkisch-Deutschen Könige, nur zu geneigt, das System der Grundherrlichkeit zu erweitern, überdies große Jagdliebhaber, wie fast alle Freye, sehr bald auf den Gedanken, ihre Waldungen durchaus in Ansehung der Jagd zu schließen, auch diejenigen, die an Privat-Territorien stießen, mithin die bisherige Koppeljagd eigenmächtig in Gehägejagd zu verwandeln, und den Wildbann einzuführen. Schon gegen das Ende des sechsten Jahrhunderts übten sie auf dem Vogesischen Gebirge die Allein-Jagd aus. [2]) Karl der Große fing an, diesen Kameral-

1) Popponis, archiepiscopi Trevir., conventio cum vicinis, circa a. 1030. ap. Hontheim. hist. Trev. T. I. p. 364: „*de communi eorundem principum sylva*; „— si aliquis ex praedictorum principum — vena„toribus *in communi illorum sylva* venationem exer„ceret etc.“

2) Gregor. Tur. hist. Franc. l. X. c. 10.

grundsatz auf die meisten fiskalischen Forsten auszudehnen. [1]) Gegen ihn wagten die, in ihrem Rechte der Koppeljagd gekränkten, Nachbarn der Kameralforsten, keine laute Aeußerungen des Verdrußes; sie waren großentheils unter der langen, kraftvollen Regierung dieses Königs herangewachsen, hatten von ihm die bedeutendsten Staats- und Hof-Aemter inne, furchten sich vor einem Manne, der sich durch Waffenglück so sehr über andere erhoben hatte. Gegen den schwachen Sohn und Nachfolger desselben fanden diese Achtung, diese Rücksichten, nicht Statt. Wenige Jahre nach dem Antritte seiner Regierung konnte Ludwig den Beschwerden nicht ganz ausweichen; er ließ den außerordentlichen Bevollmächtigten, welche zu gewissen Zeiten die Provinzen bereiseten, in die Instruktion setzen: den Grafen, als Ober-Aufsehern des Forst- und Jagd-Wesens in ihren Sprengeln, aufzugeben, keine königliche Waldungen weiter zu schließen, und die, neuerlich ohne ausdrücklichen Befehl geschlossenen, wieder zu öffnen. [2]) Ein in Ansehung der

1) Caroli M. dipl. Cap. I. a. 802. c. 39.
Ejusd. Cap. II. a. 813. c. 18.

2) Ludovici pii Cap. V. a. 819. c. 22. ap. Baluz. T. I. p. 617: „de forestibus nostris, — ut comitibus denuntient, ne ullam forestem noviter instistuant, et „ubi noviter institutas sine nostra jussione invenerint, dimittere praecipiant.“

Jagd geschlossenes Gehölz führte den besondern Namen Forst; daher in einem Walde den Wildbann einführen, genannt ward: ihn einforsten; [1]) von dem freyen Wilde ward unterschieden das Forstwild. [2]) In den meisten königlichen Waldungen ward, jener Einschränkung Ludwigs ungeachtet, der eingeführte Wildbann und das Forstwesen beibehalten. Der Abt Eginhard verwandte sich einst bei einem Grafen für einen Wildschützen, der in einem königlichen Forste Wild geschossen hatte. [3]) In der Folge ist in allen königlichen Waldungen das Forstrecht eingeführt worden.

Wenn nun die Könige einer geistlichen Stiftung, oder einem weltlichen Magnaten, ein größeres Grundstück abtraten, zu welchem Forsten ge-

---

1) Ottonis III. dipl. a. 1000 ap. Lünig. Spicileg. eccles. P. II. c. 4. tit. 21. Würzburg. §. 5. p. 934: „ut om„nis sylva — munita et in perpetuum *forestata* ha„beatur."

Conradi II. dipl. a. 1029. in Chron. episc. Mindens. ap. Pistor. cura Struv. T. III. p. 821. 822: „quandam sylvam — *forestrari* concessimus, et ban„ni nostri districtu circumvallavimus."

Ejusd dipl. a. 1033. ibid. p. 820: „supplicans „(episcopus) quatenus nos quoddam forestium sui „juris per imperiale nostri praeceptum *forestrari* „faceremus."

2) Ottonis III. dipl. a. 1000. l. c: „uti — aliquam *fo„restatam* caperet *feram*."

3) Eginhardi epist. ap. Bouquet. T. VI. p. 370.

hörten, so überließen sie freylich meistentheils dieselben als Forsten, d. i. sie übertrugen mit dem Besitz des Waldes zugleich das ausschließliche Jagdrecht, als zugehörende Nutzung. [1]) Nicht selten aber behielten sie sich doch die Jagdgerechtigkeit vor. [2]) Auch verlehnten sie in manchen Gegenden die Jagd allein; z. B. in Westphalen war in gewissen Wäldern, die zu den Beneficialgütern eines Grafen gehörten, die Jagd mehrern geistlichen und weltlichen Fürsten verliehn; [3]) eben so in der Gegend von Stade; [4]) auf einem Theile des Harzes hatte ein Graf Uto von Conrad dem dritten, [5])

---

1) Caroli M. praeceptum de scholis instituendis in ecclesia Osnabrugensi, a. 804. ap. Baluz. I. p. 418. 419: „quoddam nemus vel forestum, cum omni venatione, quae sub banno usuali ad forestum deputatur."

Ottonis I. dipl. a. 940. ap. Hund. Metrop. Sal. T II. p. 258.

Ottonis II dipl a. 993. ap. eund. T. I. p. 93.

Ottonis III. dipl. a. 996. ap. Guden. Cod. dipl. T. I. p 14. 15.

Henrici IV. dipl. a. 1063. ap. Pistor. T. III. p. 828.

2) Ejusd. dipl. a. 1074. ap. Meichelbeck. hist. Frising. T. I. P. I. p. 268: „centum mansos — cum omnibus appenditiis, — *exceptis venationibus et Wiltbanno,* — tradidimus."

3) Henrici IV. dipl. a. 1062. ap. Lindenbrog. p. 141.

4) Ejusd. dipl. a. eod. ibid. p. 142.

5) Friderici I. dipl. a. 1157. ap. Scheid. Origg. Guelf. T. III. p. 468.

auf einem andern der Herzog Heinrich der Löwe von Friedrich dem ersten, [1]) dieselbe zu Lehn.

Das Beispiel der Könige führte bald verschiedene Privatgutsbesitzer auf den Versuch, ihre Waldungen, für das Weidevieh schon längst geschlossen, auch in Ansehung des Wildes zu schließen, also eigenmächtig den Wildbann einzuführen. Daß sich die Nachbarn, als Koppeljagdberechtigte, mit Heftigkeit darüber beschwerten, ist zu erwarten. Um sicherer zu gehn, bemühten sich manche anmaßende Neuerer um ein königliches Privilegium. Einem Befehle Ludwigs des Schwachen zufolge, sollte Niemand, der ohne Erlaubniß Karls des Großen eine Waldung zum Forste geschlossen hatte, die Forstgerechtigkeit ferner ausüben. [2]) Je mehr die Fränkische und nachher die Deutsche Herrschaft an Festigkeit und Haltung verlor, je mehr dabey der Geist der Grundherrlichkeit sich verbreitete, die Sucht, sich zu schließen, einriß; desto häufiger wurden die, von den schwachen Königen besonders der Geistlichkeit verliehenen, Forstprivilegien. — Beyspiele.

Dem Erzstifte Trier und der Abtey S. Ma-

1) Ejusd. dipl. a. eod. ibid. p. 467.

2) Ludovici pii Cap. IV. a. 819. c. 7. ap. Baluz. I.p. 612.

ximin ertheilte solches der König Wendebold. [1]) Ein anderes der König Otto II. [2])

Dem Stifte Freysingen auf gewissen Grundstücken desselben Otto II. als Mitregent. [3])

Dem Stifte Worms in den Waldungen bei Wimpfen und Bischofsheim Otto III [4])

Dem Stifte Würzburg in einem gewissen Walde, derselbe. [5])

Dem Stifte Osnabrück in gewissen Holzungen desselben Heinrich II. [6])

Dem Stifte Lüttich derselbe König. [7])

Der Abtey Lorsch in einem Theile des Odenwaldes derselbe. [8])

---

1) Zwendiboldi regis dipl. a. 895. ap. Hontheim. hist. Trev. dipl. T I. p. 232: „ut quandam sylvam in „bannum mitteremus, et ex ea, sicut Franci dicunt, „*forestem* faceremus. Omnem ergo sylvam — per „bannum nostrum omnibus prohibemus, et ex ea „*forestem* facimus, ne deinceps ullus hominum in „ipsa bestiam capere quacunque venationis arte *abs-„que possessoris ejus licentia* praesumat.“

2) Ottonis II. dipl. a. 974. ap. eund. T. I. p. 310.

3) Ejusd. dipl. a. 973 ap. Hund. Metrop. Sal. P. I p. 91.

4) Ottonis III. dipl. a. 988. ap. Schannat. hist. Worm. T. II. p. 27. 28.

5) Ejusd. dipl. a. 1000 ap. Lünig. spicil. eccl. P. II. c. 4. tit. 21. p 934.

6) Henrici II. dipl. a. 1002. ap. Schaten. annal. Paderborn p. 365.

7) Ejusd dipl. a. 1008 ap. Lünig. l. c. §. 20. p. 492.

8) Ejusd. dipl. a. 1012. ap. Tolner. Cod. dipl. Pal. p. 21.

Dem Stifte Straßburg in einem Elſaſſer Walde derselbe. [1])

Der Abtey Elwangen derselbe. [2])

Dem Stifte Minden in den Waldungen desselben Konrad II. [3])

Dem Stifte Brixen Heinrich III. [4])

Der Abtey Fulda in den Wäldungen derselben Heinrich IV. [5])

Dem Stifte Hildesheim derselbe. [6])

Dem Stifte Constanz bestätigte dieses Recht Friedrich der erste. [7])

Dem Jakobsstifte zu Erfurt Otto IV. [8])

Als Bestätigung des Satzes, daß, vor der Einführung des Wildbanns, unter allen Grenznach-

1) Ejusd. dipl. a. 1017. ap. Schöpflin. Alsat. dipl. T. I. p. 150.

2) Ejusd. dipl. a. 1024. ap. Lünig. l. c. T. III. tit. Elwangen. §. 8. p. 120.

3) Conradi II. dipl. a. 1029. in Chron. episc. Mindens. ap. Pistor. T. III. p. 821.

4) Henrici III. dipl. a. 1048. ap. Hund. Metrop. Sal. T. I. p. 317.

5) Henrici IV. dipl. a. 1059. ap. Schannat. Buchonia vetus. p. 320.

6) Ejusd dipl. a. 1062. ap. Schaten. annal. Paderborn. p. 555.

7) Friderici I. dipl. a. 1155. in Chron. Constant. ap. Pistor. T. III. p. 697.

8) Ottonis IV. dipl. a. 1198. ap. Falkenstein. Chron. Thuring. P. II. p. 1062.

barn eines Waldes freye Koppeljagd bestanden hat, ist der Umstand merkwürdig, daß die Könige, bey Ertheilung eines Forstprivilegii, mit den angrenzenden Gutsherrn Rücksprache nahmen, und deren Einwilligung nachsuchten; wie dieses in vielen Urkunden ausdrücklich bemerkt wird.[1])

Auf das Recht des Wildbanns oder der Gehägejagd (Forstrecht) ist demnach das Jagdregal

---

1) Ottonis III. dipl. a. 988 l. c: „cum voluntate et ad„sensu bonorum militum in circuitu habitantium."

Ejusd. dipl. a. 991 ap Pistor. III. 821: „ob inter„ventum et *comprobationem* — *comprovincialium.*"

Henrici II. dipl. a. 1008 l c: „secundum collau„dationem comprovincialium, *inibi praedia haben„tium.*"

Ejusd. dipl. a. 1024. l. c: „communi consultu fi„delium nostrorum, Ernost videlicet, Alemanniae „ducis, et reliquorum principum circum habitan„tium."

Conradi II dipl. a. 1027 ap. Lünig. l. c P. II. tit. Würzburg. N 16. p 940: „consentientibus comi„tibus locorum, qui antehac in praedicta sylva ve„nari consueverant."

Ejusd. dipl. a. 1029. l. c: „cum consensu omnium, „in eadem sylva usque modo *communionem venan„di* habentium."

Henrici III dipl. a 1048. l. c: „qui hoc forestum „fieri laudaverunt, hi sunt." (Sequuntur nomina XXIX.)

Henrici IV. dipl. a. 1062. l c: „consentiente Ot„tone duce, caeterisque omnibus, *quorum praedia* zunächst gegründet. Ein königliches Recht konnte dasselbe genannt werden, da es entweder zugleich mit den Waldungen von den Königen erlangt ward, oder zur Ausübung desselben in Alodial-Gehölzen ein königliches Privilegium erforderlich war. Wenn nun die weltlichen wie die geistlichen Reichsfürsten unter den Ländereyen, die sie zerschlugen und an Ministerialen und Vasallen vereinzelten, auch Waldungen lehnweise weggaben, so geschah es häufig unter der Bedingung, daß sie sich entweder alle Jagd vorbehielten, [1]) oder wenigstens die, des Hochwildes. Der letztere Fall ward der gewöhnlichere; daher entstand theils der Unterschied zwischen hoher und niederer Jagd, theils die Gewohnheit, das, dem landsässigen Adel von den Reichssassen abgetretene, Recht der niedern Jagd, ein Regal zu nennen. Auf die übertragenen Lehne ist dies Alles nachher künstlich ausgedehnt worden, und auf die Alodien usurpatorisch.

b. Fische.

„*et possessiones sitae erant intra eos terminos,* quos „scribi jubemus.“

1) Ejusd. dipl. a. 1065. ap. Hontheim. l. c. T. I. p. 410: „in suis sylvis, quas in manibus habet (advocatus), „potestatem ei damus, quicquid sibi placuerit, *ex-* „*ceptis feris bannitis,* libere disponere.“

b)

Fischerey, nebst der übrigen Benutzung größerer Gewässer, als: Fähren, Goldwäschen.

Es ist eben so bekannt, als begreiflich, daß in der Fränkischen Periode, und selbst noch in den frühern Zeiten der Deutschen Verfassung, es mit dem Fischfange sich eben so verhielt, als mit der Jagd. Es gab eigentlich keinen Unterschied zwischen öffentlichen und Privat-Gewässern; die meisten Gewässer waren noch keins von beiden. Denn es bestand weder ein Fischerey-Regal, noch ein Recht Aller, überall zu fischen, noch ein privatives Recht der Gutsbesitzer auf die Fischerey in den Flüssen, die ihr Gebiet berührten, ohne von demselben ausschließlich umgeben zu seyn; sondern Koppelfischerey der Grenznachbarn war allgemeines Gewohnheitsrecht. Wenn daher in Urkunden eines Fischereyrechts der Privatgutsbesitzer, z. B. in der Rahr, [1]) in Friesischen Gewässern, [2]) gedacht wird, so wird darunter stillschweigend eben so die Mitfischerey verstanden, als in unzähligen Urkunden unter dem

1) Traditio Henrici cujusd. juxta Ruram, a. 795. ap. Leibnitz. Bruns T. I. p 103.

2) Ottonis III. dipl. a. 988. ap. Lindenbrog. p. 133.

Jagdrechte die Mit-Jagd. Unter die Zugehörungen der Güter wird dieses Recht der Fischerey in vielen Schenkungsdokumenten ausdrücklich gezählt. [1]) Wenn aber, dem Nationalsystem der Grundherrlichkeit angemessen, in den Flüssen und Seen, die das Gebiet mehrerer Landeigenthümer berührten, Koppelfischerey herkommlich war, so folgte aus demselben Territorial-Grundsatze, daß in denjenigen Seen, und in solchen Theilen eines Flusses, die durchaus nur von dem Gebiete Einer Grundherrschaft umgeben waren, der letztern die Gehäge-Fischerey zustand. [2]) Solche Fischereyen auf Domainengütern verschenkten zuweilen schon die Fränkischen Könige einzeln an geistliche Anstalten, z. B. Karl der Große eine solche im Rhein bei Bacharach an die Abtey Prüm; [3]) des-

---

1) Ejusd. dipl. a. 992. ap. Hund. Metrop. Salisb. T. I. p. 93.
Conradi II. dipl. a. 1029. in Chron. episc. Mindens. ap. Pistor. III. p. 828.
Henrici IV. dipl. a. 1063. ibid.
Henrici VI. dipl. a. 1189. ap. Hund. l. c. T. III. p. 247.

2) Irminolti cujusd. traditio a. 816. ap. Schannat. tradd. Fuld. N. 282. p. 120: „*duas areas*, et unam piscatoriam in ipsa villa *inter duas areas* juxta flumen „quod dicitur Sala."
Ludovici pii dipl. a. 832. ap. Lünig. spicil. eccl. P. III. tit. Corvey, N. IV. p. 61.

3) Ludovici regis dipl. a. 871. ap. Mart. et Dur. coll.

sen Sohn Ludwig die Fischerey in einem See an die Abtey Corvey. [1])

Zufolge der waldigen Beschaffenheit Deutschlands, waren die meisten Ufer der Flüsse und Seen mit Waldung besetzt. Der Ursprung des Fischerey-Regals steht daher mit dem, des Jagdregals, in der genauesten Verbindung; beide sind gleich successiv, um dieselbe Zeit, und auf gleiche Weise entstanden. Die Anmaßung der Könige, alle koppelberechtigte Nachbarn von der Mit-Jagd auszuschliessen, und den Wildbann einzuführen, überhaupt die Sucht, sich zu schliessen, führte bald darauf, diesen Grundsatz auch in Ansehung des Fischfanges geltend zu machen. Eigenmächtige Abschaffung der Koppelfischerey von Seiten der Könige ist demnach die Grundlage des Fischereyregals. Diese Ableitung sowohl der Gehäge-Fischerey von der Gehäge-Jagd, als überhaupt des Fischereyregals von dem Jagdregal, kann mit vielen Stellen in Schenkungs-Urkunden belegt werden, in denen die Könige die Fischerey zugleich mit der Jagd, als Zugehörungen verliehener Domainen, abtreten. [2])

ampl. T. I. p. 193. et ap. Hontheim. hist. Trev. T. I. p. 214.

1) Ludovici pii dipl. a. 832. l. c.

2) Ejusd. dipl. a. 839. ap. Schannat. tradd. Fuld. N. 444. p. 178.

Wie durch den Wildbann in den königlichen Forsten die Nacheiferung der Großen aufgeregt war, so trachteten diese bald, nach dem Beispiele der

---

Arnolfi regis dipl. a. 889. ap. eund. N. 531. p. 215. Ejusd. dipl. a. 897. ap. eund. N. 541. p. 219. Ludovici regis dipl. a. 906. ap. eund. N. 546. p. 223. Conradi I. dipl. a. 912. ap. eund. N. 551. p. 226. Henrici I. dipl. a. 922. ap. eund. N. 562. p. 231. Ejusd. dipl. a. 932. ap. eund. N. 570. p. 234. Ottonis II. dipl. a. 973. ap. eund. N. 588. p. 241. Ejusd. dipl. a. 977. ap. eund. N. 590. p. 240.

Charta permutationis ap. Goldast. Alam. T. II. P. I. N. 18. p. 41. 42.

Ottonis I. dipl. a. 956. ap. Schannat. hist. Worm. T. II. p. 20.

Ottonis II. dipl. a. 983. ap. Guden. Cod. dipl. T. I. p. 13.

Ottonis III. dipl. a. 992. ap. Hund. Metrop. Sal. T. I. p. 93.

Henrici II. dipl. a. 1002. ap. Schannat. hist. Worm. T. II. p. 35.

Conradi II. dipl. a. 1027. ap. Schaten. annal. Paderborn. p. 471.

Henrici III. dipl. a. 1040. ap. Hund. Metrop. T. II. p. 27.

Henrici IV. dipl. a. 1063. in Chron. episc. Mindens. ap. Pistor. III. p. 828.

Ejusd. dipl. a. 1064. ap. Guden. cod. dipl. T. I. p. 24.

Ejusd. dipl. a. 1074. ap. Meichelbeck. hist. Frising. T. I. P. I. p. 268.

Ejusd. dipll. aa. 1062. 1064. 1083. 1085. ap. Lindenbrog. p. 140 — 145.

Petri, episc. Patav., dipl. a. 1277. ap. Hund. l. c. T. I. p. 259.

Könige, auch den privativen Fischfang in den Gewässern ihrer Waldungen zu erwerben. Den Anfang machten die Prälaten, die zuerst den Grundsatz, das Gebiet zu schließen, nach aller Strenge befolgten. Mit dem Rechte der Allein-Jagd in ihren Waldungen erwarben sie sich häufig zugleich das Recht der Allein-Fischerey in denselben. [1]) Die weltlichen Fürsten folgten bald nach. In so fern also die geistlichen und weltlichen Magnaten, die nachherigen Landesherrn, das Recht des privativen Fischfanges in öffentlichen Gewässern entweder zugleich mit den Waldungen und dem Wildbanne lehnweise von den Königen erhalten, oder, in Ansehung der Gewässer ihrer Alodialgrundstücke, dasselbe durch ein königliches Privilegium erworben haben, kann es ein königliches Recht genannt werden. Bei der nachherigen gewaltsamen Erweiterung der Lehnherrlichkeit in Landesherrlichkeit, ist dieser Kameralgrundsatz auf alle öffentliche Gewässer ausgedehnt worden. Wenn die Landesfürsten einzelne Güter an die Ministerialen und Vasallen lehnweise veräusserten, oder an die städtische Corporationen verschenk-

1) Henrici II. dipl. a. 1024. ap. Lünig. spicil. eccl. T. III. tit. Ellwangen. N. VIII. p. 120: „ut in eadem „foresti a nobis constituta *nulli venari aut piscari* liceat.“

ten, so behielten sie sich die Fischereygerechtigkeit vor, um dieselbe an Fischergewerke besonders zu verpachten.

Bei dem immer weiter getriebenen Territorial-system versuchten die Könige und Fürsten, jede Benutzung der Gewässer ihres Gebiets sich ausschließend zuzueignen, namentlich die Mühlen, das Fähr-Recht, die Goldwäschen. Von den Mühlen wird in dem folgenden Abschnitte gehandelt; das Fährrecht, eine frühzeitige Anmaßung, traten sie nicht selten wieder an Reichs- und Landes-Vasallen ab; [1]) eben so das Recht der Goldwäsche. [2])

Schon um die Mitte des zwölften Jahrhunderts war der Grundsatz in das Deutsche, wie in das Lombardische Staatsrecht eingedrungen, daß

1) Ottonis II. dipl. a. 983. ap. Guden. Cod. dipl. T. I. p. 13.
Chron. monast. Schönau. a. 1218. Ed. Würdtwein. p. 47.
Conradi, praepositi Wormat., dipl. a. 1225. ibid. p. 56.
Rudolfi, advocati Wimpinae, dipl. a. 1240. ibid. p. 85.
Petri, episc. Patav., dipl. a. 1277. ap. Hund. l. c. T. I. p. 259: „naulo, vel jure passagii."

2) Arnolfi regis dipl. a. 898. ap. Hund. Metrop. Sal. T. I. p. 233: „*aurifices* eorum (episc. Patav.) non „aliter, quam nostri, omnibus *fluminum arenis* abs-„que contradictione utantur."

jede Benutzung der Gewässer, namentlich Fischerey, Mühlen, Häfen, ein königliches Recht sey, [1]) d. h. entweder als Zugehörung eines von den Königen verliehenen Grundstücks, oder, auf Alodien, vermöge eines königlichen Privilegiums, erworben. [2])

c) Mühlenrecht.

Das sogenannte Mühlenregal ist auf ähnliche Veranlassung und ähnlichem Wege entstanden, als das Fischereyregal. Es gab in den frühern Zeiten blos Wassermühlen, und diese befanden sich, der damaligen Naturbeschaffenheit Deutschlands zufolge, meistentheils in Gehölzen. Nach der ältesten bürgerlichen Verfassung durfte jeder Grundherr an den Gewässern, die sein Gebiet berührten, Mühlen anlegen. Genug Beispiele finden sich davon, nicht blos auf königlichen Villen, [3]) sondern auch auf Privatgütern. [4]) Für die meisten grö-

1) Radevic. de gestis Friderici I. a. 1158. l. II. c. 5. ap. Urstis. P. I. p. 509: „molendina, piscarias, portus, „omnemque utilitatem ex decursu fluminum prove- „nientem."

2) Ibid: „quicunque donatione regum aliquid horum se „possidere instrumentis legitimis edocere poterat."

3) Arnolfi regis dipl. a. 897. ap. Schannat. hist. Worm. T. II. p. 12.

4) Traditio possessionum Rumolti, facta monasterio S.

ßern Wirthschaften wurden eigene Mühlen unterhalten, angelegt an den Gewässern, die das Territorium berührten; sie gehörten zu den Nutzungen der Gewässer, weshalb sie fast immer, wo sie vorkommen, unmittelbar neben denselben und den Fischereyen genannt werden.

Je allgemeiner aber die Könige auf ihren Villen die Grenznachbarn von der Mit-Fischerey ausschlossen, und sich die gesammte Benutzung der größern Gewässer ausschließend anmaßten, desto

---

Galli, a. 863. ap. Herrgott. codex probationum geneal. Habsburg. T. II. p. 38: „trado — *molendinum* etc.“

Ottonis III. dipl. a. 988. ap. Lindenbrog. p. 133: „quod duae sorores — tradidissent omnem haereditatem suam — — duas videlicet curtes, cum omnibus suis *pertinentiis* — venationibus, piscationibus, aucupiis, aquis, aquarumque decursibus, *molendinis* etc.“

Henrici IV. dipl. a. 1064. ap. eund. p. 142. 143: „cum universis bonis suis (Nannonis cujusd.), *eisdem praediis pertinentibus,* id est — piscationibus, *molis, molendinis* etc.“

Henrici VI. dipl. a. 1189. ap. Hund. Metrop. T. III. p. 247: „possessiones, quas dux Guelpho contulit ecclesiae, — fundum — cum aquis, *molendinis, piscationibus*; praedium in Horne, cum *piscaturis et molendinis.*“

Henrici, ducis Sax. et comitis palat. Rheni, qua vicarii regis Friderici II., Confirmatio donationis, Verdensi ecclesiae factae, a. 1219. ap. Scheid. origg. Guelf. T. III. p. 673: „cum omnibus pertinentiis — *molendinis* etc.“

dreister legten sie sich ein Allein-Recht bey, Mühlen zu unterhalten. Wenn sie dann Gewässer an die Magnaten veräußerten, so räumten sie ihnen zugleich die, an denselben angelegten, Mühlen, ein. [1]) Da die Prälaten und weltlichen Fürsten dem herrschend gewordenen Kameralgrundsatze nicht ausweichen konnten, so betraten sie auch hier, wann sie auf ihren Alodien Mühlen anlegen wollten, die große Heerstraße, auf der sie zur Ausübung der meisten königlichen Rechte gelangt sind: sie erwarben das Mühlenrecht durch Privilegien. [2]) Ebenfalls ist also dasselbe ein königliches Recht genannt worden, weil es vermittelst des Lehn- und Privilegien-Wesens von den Königen an die Reichsstände, und von diesen an die landsässigen Vasallen und Städte, übergegangen ist.

d) Zoll- und Markt-Recht.

Zölle waren schon in den frühesten Zeiten des Fränkischen Staats eine öffentliche Leistung. [3]) Es

---

1) S. oben die Urkunden, die als Belege angeführt sind, wie die Fischerey zugleich mit der Jagd, als Zugehörung verliehener Domainen, ist abgetreten worden.

2) Ottonis I. dipl. a. 963. ap. Meibom. scriptt. rer. Germ. T. I. p. 747: „*molendina componere*, et publicas „aquas ad utilitatem ipsius ecclesiae trahere, pisca-„tiones exercere *absque alicujus contradictione*."

3) Chlotarii II. edictum a. 615. ap. Baluz. T. I. p. 23.

fragt sich aber, ob das Zollwesen in Deutschland aus dem Römerstaate herstamme, oder ob es in der Deutschen Verfassung einheimisch sey. Die Westfränkischen Zölle, die in den Häfen und Küstenprovinzen gehoben wurden, mögen aus dem Römischen Finanzsystem beibehalten worden seyn; was aber das Deutsche Zollwesen betrifft, so scheint dasselbe, unabhängig von ähnlichen Römischen Leistungen jenseit des Rheins, aus dem **Nationalsystem der Grundherrlichkeit** entsprungen zu seyn. Folgende Umstände sprechen für diesen Ursprung des Zollregals.

1) Es finden sich frühe Spuren, daß in Gegenden Deutschlands, in welchen nicht sogleich die Fränkische Verfassung, und mittelbar gewisse Theile der Römischen, eingeführt wurden, sondern die, unter Fränkischer Hoheit, einige Zeit ihre alte Verfassung behielten, z. B. in Bayern, die großen Landeigenthümer, namentlich die Stammfürsten, **Marktplätze mit Zöllen** gehabt haben. [1])

---

1) Arnolfi regis dipl. a. 898. ap. Hund. Metrop. Sal. T. I. p. 233: „Chartulas traditionum, quas — Otilo et „filius ejus Tassilo, duces Bavariorum, fecerant, prae-„ferens pontifex (Patav.), in quibus legebatur, quod „iidem praedicti duces ad eandem sedem (Patav.) „*areas et mercatum cum integro theolonio suo* — „tradiderunt."

2) Die ältesten Zölle auf Deutschem Boden waren noch keine landesherrliche, sondern bis gegen das Ende des neunten Jahrhunderts bloße grundherrliche, Leistungen; nicht auf das Gewerbe, auf die Waaren, gelegt, sondern

den Reisenden für die Erlaubniß abgefordert, das Territorium auf der Durchreise zu berühren, oder gar zum Behufe des Verkaufs der Waaren darauf zu verweilen.

Daher zerfällt aller frühere Zoll in Reise- und Markt-Zoll.

a) Die Auferlegung eines Reisezolls maßten sich die mächtigern Grundherrn meistentheils unter dem Vorwande an, von dem Ertrage die Landstraßen, Brücken, Landungsplätze, zu unterhalten. Aber der unbürgerliche Territorialgeist, und, seit der Verbreitung des Verkehrs, die Lüsternheit und Habsucht, verleiteten sie bald, den reisenden Handelsleuten aufzulauern, und auch da eine Abgabe zu erpressen, wo sie für kein Beförderungsmittel des Reisens etwas aufwandten. [1]) Aus

1) Caroli M. Cap. II. a. 805. c. 13: „his similia, in quibus nullum adjutorium iterantibus praestatur.

Ludovici pii Cap. V. a. 819. c. 4: „tributa et telonei in media via ubi nihil fuerit, unde juste census exigi possit; — sive in medio flumine, ubi nullum obstaculum est."

den Verboten Karls des Großen und seines Nachfolgers erfährt man den Zoll-Unfug, der schon damals den Deutschen Handel hemmte, eine Folge des verwilderten Territorialgeistes. [1])

b) Um so mehr forderten die Magnaten, auf deren Gebiet sich ein gewisser Verkehr gebildet hatte, einen Markt-Zoll von den Kaufleuten, die auf ihrem Territorio Waaren absetzten; sowohl für diese Erlaubniß, als für den Polizeyschutz während des Aufenthalts. [2]) Die meisten frühern Zölle waren auch bloße Markt-Zölle; daraus abzunehmen, daß die Grundherrschaften, die sich für eine ihrer Villen, wohin sich der Zug der Käufer und

---

1) Caroli M. Cap. II. a. 805. c. 13.
Ejusd. Cap. III. a. 805. c. 15.
Ejusd Cap I. a. 809. c. 19.
Ejusd. Cap. II. a. 809. c. 9.
Ludovici pii Cap. I. a. 819. c. 17.
Ejusd. Cap. V. a. 819. c. 4.
Ejusd. Cap. a. 820. c. 1.

2) Ottonis I. dipl. a. 965. ap. Lünig. Spic. eccl., Fortsetzung des ersten Theils, Anhang zu den Erzstiftern, N. 17. von Magdeburg, p. 9: „*telonium de mercatu.*"
Wilhelmi, comitis Luxemburg., dipl. a. 1122. ap. Hontheim. T. I. p. 508: „*telonium* vel alios reditus *mercati vel fori.*"
Friderici I. dipl. a. 1158. ap. Hund. Metrop. T. I. p. 78: „de *telonio fori.*"
Wolfkeri, episc. Patav., dipl. a. 1195. ap. eund. T. III. p. 11: „justitiam *fori nostri,* quod *Markt-„recht* dicunt."

Verkäufer gewöhnt hatte, ein Zollprivilegium erwarben, fast immer zugleich das Marktprivilegium ertheilen ließen.

Unter den Orten, die zu bedeutenden Handelsplätzen emporstiegen, waren die königlichen Pfalzen besonders die, in den Donau- und Rhein-Gegenden, die vorzüglichsten. Die öftere Gegenwart des Hoflagers; der Zufluß von geistlichen und weltlichen Magnaten, von vornehmen Fremden, während dieser Zeit; die Festlichkeiten, Gelage, gewährten den Waaren-Verkäufern Aussicht zum Absatze. Zuerst machten daher die Könige jenen Territorialgrundsatz geltend, und forderten Reise- und Markt-Zölle. Wenn sie dann eine Villa, in deren Umfange eine solche Leistung herkommlich geworden war, veräusserten, so verliehn sie zugleich das anklebende Zoll- und Markt-Recht. Mit demselben wurden z. B. dem Stifte Paderborn von Conrad dem zweiten die Reichsdomaine Ervitte geschenkt, oder wenigstens bestätigt; [1]) — dem Erzstifte Hamburg Bremen gewisse Herrschaften in Westphalen und Engern, die bisher einem Grafen lehnweise gehört hatten, von Heinrich dem vierten; [2]) — demselben Erzstifte die Grafschaft

1) Conradi II dipl. a. 1027. ap. Schaten. annal. Paderborn. p. 471.

2) Henrici IV. dipl. a. 1062. ap. Lindenbrog. p. 141:

Stade von demselben Könige; [1]) — dem Stifte Passau die Reichsdomaine Tysenfurt von eben demselben; [2]) — dem Erzstifte Cölln die Reichsdomaine Andernach von Friedrich dem ersten. [3]) — Es wurden auch oft die Zoll-Einkünfte von erheblichen Handelsplätzen einzeln, ohne die Villa selbst, an geistliche und weltliche Große verschenkt, z. B. die, in Worms, Ladenburg und Wimpfen, an das Stift Worms; [4]) die in Magdeburg, an das gleichnamige Erzstift; [5]) — die in Boppard, an das Stift Worms; [6]) — die, zu Cassel im Moselgau, an einen Grafen Ans-

„cum universis *appendiciis*, ejusdem comitis benefi-„cia respicientibus, hoc est — — *mercatis, monetis* „*theloneis* etc."

1) Ejusd. dipl. a. eod. ap. eund. p. 142.

2) Ejusd. dipl. a. 1067. ap Hund. Metrop. T. I. p. 245: „villam quandam Tyesnfurt — quinquaginta regales „mansos, — *cum omnibus appendiciis suis*, hoc est „— *mercatis, teloniis, monetis.*"

3) Friderici I. dipl. a. 1167. ap. Kindlinger. Münstersche Beitraege, T. III. Abth. I. p. 62.

4) Ludovici et Lotharii dipl. a. 830. ap. Schannat. hist. Worm. T. II. p. 5.
Ludovici II. dipl. a. 858 ibid. p. 6.
Ottonis I dipl. a. 951. ibid. p. 19.

5) Ejusd. dipl. a. 965. ap. Meibom. T. I. p 749: „*mer*-„*catum* in Magdeburg, et *monetam*, omnesque *telo*-„*nei* fructus vel usuras."

6) Ottonis III. dipl. a. 991. ap. Schannat. l. c. p. 30.

fried. [1]) — Da nun zuerst die Könige auf vielen ihrer Villen das Zoll- und Markt-Recht ausübten, und allein aus ihren Händen die Privatpersonen und Corporationen dasselbe erhielten, so bildete sich frühzeitig die Vorstellung, es sey ein königliches Recht. Die Könige bemühten sich auch, diese Vorstellung zur herrschenden zu machen, und die Grundherrschaften, die ihr Territorialrecht auf eben diese Weise geltend machen wollten, daran zu verhindern. Karl der Große untersagte jede eigenmächtige Anlegung von Zöllen; [2]) sein Nachfolger erneuerte die Verbote; [3]) doch erlaubte er den Grundherrn einen mäßigen Brückenzoll an Stellen, wo Brücken nothwendig wären. [4])

In den nächsten Jahrhunderten, bis zu der gänzlichen Zerrüttung des Deutschen Staats, blieben diese Gesetze ziemlich in Kraft. Wenn daher Privat-Grundherrschaften auf denjenigen ihrer Villen, die allmählig zu Handelsplätzen geworden

---

1) Ejusd. dipl. a 996. in dipl. Ferdinandi I. a. 1559. ap. Lünig. Reichs-Archiv, Part. spec. Contin. II. Abtheil. V. p. 921.

2) Caroli M. Cap. a. 779. c. 18.
Ejusd. Cap. V. a. 806. c. 11.

3) Ludovici pii Cap. I. a. 819. c. 17.

4) Ejusd. Cap. a. 820. c. 3.

waren, den Verkehr benutzen, und einen Zoll heben, wollten, so erwarben sie sich ohne Schwierigkeit von den Königen ein Privilegium.

Nach den königlichen Pfalzen waren es vorzüglich die Stifter und wichtigen Abteyen, die sich zu Mittelpunkten des Handels bildeten. Der Aufenthalt eines Prälaten und seiner zahlreichen und wohlhabenden Dienerschaft; die vielen Besuche von angesehenen Fremden; die Canonici, unter denen ein gewisser Luxus einriß, seit dem sie meistentheils aus vornehmen Familien waren, und nicht mehr in der Clausur lebten; die reichen Jünglinge in den Stifts- und Kloster-Schulen; der Zusammenfluß vieler Gläubigen, veranlaßt durch wunderthätige Reliquien, durch das Jahresfest des Schutzheiligen, durch ein feyerliches Hochamt: lauter Umstände, die einen lebhaften Absatz vieler Waaren veranlaßten. Um sich keiner Ahndung von Seiten der Könige, keiner Weigerung von Seiten des Handelsstandes, auszusetzen, suchten die Prälaten für solche Orte von den Königen das Markt- und Zoll-Recht nach, das ihnen denn niemahls verweigert ward. Beispiele von Stiftern sind: Bremen,[1]) Verden,

1) Ottonis I. dipl. a. 966. ap. Lindenbrog. p. 131.

Verden,[1]) Halberstadt,[2]) Freysingen,[3]) Passau,[4]) Osnabrück; [5]) — von Abteyen: Corvey,[6]) Lorsch,[7]) Gandersheim,[8]) Quedlinburg,[9]) Andlau,[10]) Altach,[11]) Maximin.[12])

Als bey der Erweiterung des Gewerbes und der Verbreitung des kleinen Verkehrs, auch auf manchen Willen der weltlichen Großen Umsatz und

---

1) Chronicon episc. Verdens. a. 985. N. XVII. ap. Leibnitz. Bruns. T. II. p. 215.

2) Chronicon Halberstadt. circa a. 995. ibid. p. 118.

3) Ottonis III. dipl. a. 966. ap. Hund. Metrop T. I p 94.

4) Ejusd. dipl. a. 999. ap. eund. T. I. p. 242.

5) Henrici II. dipl. a. 1002. ap. Schaten. annal. Paderborn. p. 365.

6) Ludovici pii dipl. a. 833. ap. eund. p. 92.
Annal. Corbejens. a. 833. ap Leibnitz Bruns. T. II. p. 296.
Ludovici regis dipl. a. 900. ap. Schaten. l. c. p. 237.

7) Ottonis I. dipl. a. 965. ap. Tolner. Cod. dipl. Pal. p. 13.

8) Ottonis III. dipl. a. 990. ap. Leuckfeld. antiqq. Gandersheim. p. 108. 109.

9) Ejusd. dipl. a. 993. ap. Kettner. antiqq. Quedlinb. p. 34.

10) Henrici II. dipl. a. 1002. ap. Schöpflin. Alsat. dipl. I. p. 148.

11) Ejusd. dipl. a. 1009. ap. Hund. l. c. T II. p 16. N. 21: „*mercatum* habendi, *thelonium* tam viantium, „quam navigantium, exigendi etc.“

12) Henrici III. dipl. a. 1056. ap. Zylles. P. III. p. 41: „*mercatum* cum *moneta, teloneo etc* “

Handelsgeschäfte entstanden, verfehlten die letztern nicht, Nutzen davon zu ziehn, und erwarben sich gleichfalls Markt- und Zoll-Privilegien, z. B. ein Graf Manegold von Dillingen. [1])

Aus gleichem Grunde, wie das Jagd- und Fischerey-Recht, ist demnach das Zoll- und Markt-Recht der Fürsten und Städte ein königliches genannt worden: weil es entweder als Zugehörung eines vormahligen königlichen Domainengrundstücks, oder durch ein königliches Privilegium erworben ist. Wesentlich und constitutionsmäßig ist aber unter dem, von den Königen erlangten, Zollrechte der Fürsten, niemahls das Recht verstanden worden, willkührlich Zölle anzulegen, sondern immer blos das Recht, an einem urkundlich bestimmten Orte einen Zoll zu heben. Eigenmächtig angelegte Zölle der Fürsten, im Gegensatze eines Weg- und Brücken-Geldes, sind bis auf diesen Tag der Reichsverfassung zuwider; die Ertheilung eines, für einen bestimmten Ort gültigen, Zollprivilegiums, hat von jeher von der höchsten Reichsautorität abgehangen: anfänglich und lange Zeit allein von dem Könige, weiterhin, seit der Vollendung des Wahlreichs, unter Concurrenz der Wahlherrn.

---

1) Conradi II. dipl. a. 1030. ap. Lünig. Reichs-Archiv. part. spec. Contin. IV. Th. I. Absatz X., p. 403.

e)

Juden-Gefälle.

Das Recht der Schutzgelder, des Leibzolls, und andrer Gefälle von den Juden, ist, wie das Zoll- und Markt-Recht, aus einem grundherrlichen Rechte des Königs ein landesherrliches Recht der Fürsten geworden, dadurch, daß jener es diesen entweder als Zugehörung von Kammergütern, oder als Privilegium, bewilligt hat. Als ursprüngliches Patrimonialrecht der Könige ist es auf folgende Weise entstanden. Die Juden, schon damals von weltbürgerlich-merkantilischem Charakter, nährten sich meistentheils vom Handel, blos einige wenige von der Heilkunde, die sie von den Arabern lernten. Sie hatten sich also blos in Handels-Orten niedergelassen. Nun waren aber die königlichen Pfalzen in den früheren Zeiten die einzigen, wenigstens die vorzüglichsten, Handelsplätze: daher sind es diese, in denen anfänglich allein Juden vorkommen. Dem strengen Patrimonialsystem zufolge mußten sie, ausser den Zoll- und Marktgefällen, auch für den Aufenthalt auf königlichem Grunde und Boden eine Abgabe an die königliche Kammer zahlen, [1]) wovon sie bekanntlich im Mittelalter Kameral-Untertha-

1) Ludovici pii dipl. a. 828. ap. Bouq. T. VI. p. 649

nen des Königs genannt worden sind.[1]) Dadurch aber, daß zufällig diese grundherrliche Nutzung zuerst auf königlichem Territorio Statt hatte, ward die Meinung veranlaßt und von den Königen durchgesetzt: es sey eine königliche Nutzung, ius regale.[2])

In den Besitz der Fürsten, besonders zuerst der Reichsprälaten, ist dieses, so entstandene, Regal, zuerst auf folgende Art gekommen. Auf mehrern der wichtigsten königlichen Domainen-Aemter, sowohl auf alten Reichsdomainen, als auf Patrimonialgütern der Könige aus dem herzoglich Sächsischen Hause, waren Stifter und Abteyen angelegt; ein Umstand, der das Gewerbe solcher Plätze vermehrte. Wenn nun die Bischöfe und Aebte, wie es oft der Fall war, dem Könige als dem Grundherrn, die Zoll- Markt- und Münz-Gefälle in solchen Orten abgeschwatzt hatten, erwarben sie sich bald auch die Gefälle von den Juden; daher werden in den Urkunden diese fast immer mit jenen zusammengestellt. Unter andern bekam das Stift Merseburg die Judengefälle von Otto dem zweiten,[3]) und nochmahls von Heinrich

1) Rudolfi I. dipl. a. 1287. ap. Guden. Cod. dipl. T. II. p. 254: „Judeos, nostre Kamere servos.“

2) Ibid: „ut de *regalibus juribus* respondeant.

3) Ditmar. Mers. l. III. circa a. 980. ap. Leibnitz. T. I. p. 341.

dem zweiten, [1]) geschenkt; ebenfalls von einem Könige der Sächsischen Dynastie muß die Abtey Quedlinburg dasselbe Recht erhalten haben, daraus abzunehmen, daß sich weiterhin eine Aebtissin die Beschützung der Juden angelegen seyn ließ. [2]) Auch das Erzstift Magdeburg hat vermuthlich von einem der Ottonen dies Regal erworben, das einst, im dreyzehnten Jahrhunderte, der barbarische Erzbischof Rupert, der sich für die eben in Rom bezahlten Pallien-Gelder schadlos halten wollte, dazu mißbrauchte, von der Judenschaft zu Magdeburg und zu Halle, am Lauberhüttenfeste, durch Verhaftung der reichsten und angesehensten, hundert tausend Mark zu erpressen, überdies ihre Schatzkasten gewaltsam zu erbrechen, und alles vorgefundene Silber und Gold rauben, zu lassen. [3]) Ueberhaupt mussten die reichen Juden oft den Fürsten zur Befriedigung der Habsucht, wenigstens zur Aufbringung von Geldsummen, [4]) und dem Adel wie dem Volke zur Befriedigung eines

1) Id. l. VI. circa a. 1004. ap. eund. p. 380.

2) Bertradis, abbatissae Quedlinburg., dipl. a. 1272, ap. Kettner antiqq. Quedlinb. p. 309.

3) Chronicon Magdeburg. a. 1261. ap. Meibom. II. p. 331. Bothonis Chron. Brunsvic. picturatum, a. 1260. ap. Leibnitz Bruns. T. III. p. 366.

4) Gerhardi, archiepisc. Mogunt., dipl. a. 1295. ap. Würdtwein. dipl. Mogunt. p. 59.

Luxus, dienen, der mit den Vermögensumständen der Käufer in keinem Verhältnisse stand. Von mehrern der berüchtigten Juden-Verfolgungen waren keineswegs blinder Religions-Eifer, oder gewisse Verbrechen, die man den Juden andichtete, z. B. Vergiftung der Brunnen, die Ursache, sondern Verdruß über die Schuldenlast, von der sich der Haufe durch Vertreibung oder Ermordung der Gläubiger auf ein Mahl befreyen konnte. [1]) Doch standen sie, ungeachtet der schweren Schatzungen und häufigen Anfeindungen, anfänglich und lange Zeit, ihrer Reichthümer und großen Geschäfte wegen, in großem Ansehn in den wichtigen Handelsstädten, z. B. in Mainz, wo ihr Rabbiner in Urkunden Pontifex genannt wird, [2]) in Augsburg, wo noch zu Anfange des funfzehnten Jahrhunderts ihr Rabbiner, in Streitigkeiten zwischen Juden und Christen, gemeinschaftlich mit dem Stadtpräfekten das Urtheil fällte. [3]) Erst in den spätern Jahrhunderten, seitdem die Bürgerschaften ebenfalls zu

---

1) Chronicon S. Petri Erfurtense a. 1349. ap. Menken. scriptt. rer. Germ. T. III. col. 341: „credo, fuisse „exordium eorum magnam et infinitam pecuniam, „quam barones cum militibus, cives cum rusticis, ip„sis solvere tenebantur."

2) Gerhardi, archiep. Mogunt., dipl. a. 1295. l. c.

3) Gassari annal. Augustburg. a. 1435. ap. Menken. T. I. col. 1587.

großen Reichthümern gelangt waren, und, wie die Juden, den Fürsten und Magisträten in Geldnöthen aushelfen konnten, ist es in manchen Handelsstädten ihnen gelungen, entweder die Herabwürdigung der Juden, wie in Augsburg, [1]) oder die Vertreibung derselben auf immer, wie in Magdeburg, [2]) zu bewirken.

Von den bekannt gewordenen Dokumenten über Verleihung der Juden-Gefälle und Gerichtsbarkeit von Seiten der Könige an Prälaten, betreffen mehrere das Erzstift Maynz. Otto der vierte versprach demselben, die Juden in allen Maynzischen Städten nicht mehr zu besteuern, [3]) und räumte ihm lehnweise dieses Recht ein, namentlich über die Juden in Maynz und Erfurt. [4]) Rudolf der erste fügte die Gerichtsbarkeit und die Gefälle von den Juden in ganz Thüringen und der Markgrafschaft Meissen hinzu. [5]) Die neidischen Bürgerschaften versuchten mehrmahls, die Juden-

1) Ibid. p. 1586. 1587.

2) Georgii Spalatini vitae aliquot elector. Sax. N. XVIII. ap. Menken. T. II. p. 1100.
Pomarii Chron. Magdeburg. sub Ernesto, archiepisc. 41.

3) Ottonis IV. dipl. a. 1209. ap. Guden. cod. dipl. T. I. p. 417.

4) Ejusd. dipl. a. 1212. ibid. p. 419.

5) Rudolfi I. dipl. a. 1287. ap. eund. T. II. p. 254.

schaft zu entfernen, wenigstens einzuschränken; aber der Erzbischof, dessen Finanz-Interesse das Gegentheil verlangt, erwarb sich von dem Könige Adolf eine Bestätigung jener Belehnung, [1]) und das Versprechen des königlichen Schutzes gegen die Bürger, wenn dieselben etwas dagegen versuchen sollten. [2]) Der Erzbischof Gerhard war genöthigt, von diesem Versprechen Gebrauch zu machen, musste sich aber die Bedingung gefallen lassen, während der Unruhen, und noch zwey Jahre lang nach Beilegung derselben, die sämmtlichen Einkünfte sowohl von den christlichen Bürgern, als von der Judenschaft zu Maynz, mit dem Könige zu theilen. [3]) Auch die Gefälle von den Frankfurter Juden verpfändete derselbe König an den Erzbischof; [4]) und der Nachfolger, Albert der erste, bestätigte die Verleihung. [5]) Von dem Magistrate und der Bürgerschaft zu Erfurt erhielt Gerhard tausend Mark Silbers, die er der Römischen Kammer schuldig war; wofür er den Erfurtern auf elf Jahre die Einkünfte von der Gerichtsbarkeit, der Münze, dem Markte, und den Juden ihrer Stadt, einräum-

1) Adolfi regis dipl. a. 1291. ap. Würdtwein. l. c. p. 18.
2) Ejusd. dipl. a. 1292. ap. Guden. l. c. T. I. p. 867.
3) Ejusd. dipl. a. 1293. ap. eund. T. II. p. 278.
4) Ejusd. dipl. a. 1297. ap. Würdtwein. l. c. p. 73.
5) Alberti I. dipl. a. 1299. ap. Guden. l. c. T. I. p. 919.

te. [1]) Die Bürgerschaft zu Maynz gewann er endlich für die Juden dadurch, daß er mit Vorbehalt der, ihm gebührenden, jährlichen Aversionalsumme von zwölfhundert Mark Aachner Denaren, dem Magistrate erlaubte, der Judenschaft willkührlich Abgaben aufzulegen. [2])

Als die Prälaten den Weg gezeigt hatten, eiferten die weltlichen Fürsten, und die Reichsstädte, nach. Wenn sich in den entstehenden Handelsplätzen ihres Gebiets Juden niederließen, so mußten sie befürchten, daß die Könige die Abgaben von denselben in Anspruch nähmen, da ein Mahl das Recht der Judengefälle zufällig aus einem Patrimonial- oder grundherrlichen Rechte des Königs ein landesherrliches geworden, und die öffentliche Meinung für das letztere gewonnen war. Doch konnten die Könige weiter nichts, als die Idee, behaupten; in der Wirklichkeit vermochten sie den Großen, die der Judengefälle in ihren Territorien gewiß seyn wollten, die geforderten Privilegien nicht zu verweigern.

1) Gerhardi dipl. a. 1294. ap. eund. T. I. p. 884. 885.
2) Ejusd. dipl. a. 1295. ap. Würdtwein. l. c. p. 63.

2.
Eine Staatsnutzung, aus der Römischen Verfassung beibehalten: Münzrecht.

Es sind viele Beweise in den Gesetzen und andern Urkunden vorhanden, daß unter den Fränkischen, wie unter den Deutschen, Königen, das Ausprägen der Münzen als fiskalisches Recht ist anerkannt, und aus der Römischen Verfassung beibehalten, worden. Der Kämmerer des Königs hatte für den Vorrath an Metall zu sorgen; aus der Schatzkammer, die seiner Aufsicht anvertrauet war, erhielten die Münzmeister dasselbe. [1]) Dabei war aber den Privatpersonen erlaubt, ihr Gold und Silber in den öffentlichen Münzstätten, unter Autorität des Münzherrn, und mit dem königlichen Stempel versehen, prägen zu lassen. Auf großen Handelsplätzen thaten dies viele, um der Mühe des Abwägens im Einzelnen überhoben zu seyn, und sich schneller mit den Handelsleuten aus einander setzen zu können. Dem Münzmeister war für seine Arbeit gesetzlich eine Tantieme bestimmt, nämlich von zwey und zwanzig Solidis, als die Summe, die in der Pipinisch-Karolingischen Periode aus einem Pfunde reines Silbers geschlagen wurde, [2])

1) Caroli calvi Capp. tit. 36. c. 14. ap. Baluz. T. II. p. 179.
2) Pipini Cap. a. 755. c. 27. ap. Baluz. T. I. p. 176. Ejusd. Cap. a. 756. c. 7. ap. eund. p. 179.

Einer. [1]) Um die Betrügereien der Münzmeister durch genauere Aufsicht zu verhindern, sollte, nach einem Befehle Karls des Großen, allein am königlichen Hoflager gemünzt werden; [2]) ja, nach einer Verordnung Ludwigs, seines Nachfolgers, nur an Einem Orte im ganzen Reiche. [3]) Auch wollten die Könige den Privatpersonen blos gestatten, ihr Metall in größern Stücken ausprägen zu lassen; das Schlagen der Scheidemünze behielten sie sich vor, zur Verhütung der Mißbräuche. [4])

Jene Tantieme, und diese Verordnungen, mussten die Grundherrschaften, auf deren Gebiete sich ein gewisser Verkehr gebildet hatte, besonders die speculirenden Geistlichen, auf den Wunsch führen, von den Königen das Recht einer eigenen Münzstätte zu erlangen. In der königlichen Münze mag theils der Münznister seinen zwey und zwanzigsten Solidus unverkürzt behalten, theils noch kein eigentlicher Prägschatz Statt gefunden, haben. Die Grundherrschaften aber, auf deren Gebiete sich Verkäufer und Abnehmer zu treffen

1) Ibid.

2) Caroli M. Cap. II. a. 805. c. 18. ap. Baluz. I. 427. Ejusd. Cap. III. a. 805. ibid. p. 433. Ejusd. Cap. a. 808. c. 7. p. 464: „ut in nullo lo-„co moneta percutiatur, nisi ad curtem.“

3) Ludovici pii Cap. a. 823. c. 18.

4) Caroli calvi Capp. l. c. C. 15.

gewöhnt hatten, müssen frühzeitig den Münzmeister mit Pension angesetzt, und die Tantieme für sich behalten haben, wodurch weiterhin der Prägschatz veranlasst worden ist; denn in vielen, über ertheilte Münzprivilegien aufgesetzten, Urkunden, wird ein Nutzen des Münzens für die Münzprivilegirten erwähnt.[1]) Die Speculation auf diesen Gewinn bewog zunächst jene Magnaten, ein solches Privilegium nachzusuchen. Dazu kam, daß sie durch dasselbe ihre Kameral-Einkünfte noch auf einem andern mittelbaren Wege zu vermehren hof-

---

1) Ludovici pii dipl. a. 833. ap. Schaten. annal. Paderborn. p. 92: „monetam ibi semper inesse Christo „militantibus *proficuam* statuimus, quatenus — locus „ipse omnem inde *reditum* possideat."

Ludovici, regis Franciae orientalis, dipl. a. 873. ap. Mabillon. appendix suppl. de re dipl. p. 97: „mo„netam, quatenus *utilitati* ipsius ecclesiae deserviat."

Ottonis I. dipl. a. 941. ap. Meibom. scriptt. rer. Germ. T. I. p. 742: „totum, quod a vectigali vel „*moneta venire* potuit, ad *usus* illorum in proprium „concessimus."

Ejusd. dipl. a. 965. ap. Lünig. Spicileg. eccl. P. I. contin. I. C. 2. tit. VI. Magdeburg. p. 9: „omnes „ex eadem moneta *reditus vel utilitates.*"

Ejusd. dipl. a. 966. ap. Meibom. l. c. p. 751: „monetam totumque, *quod inde regius fiscus obti„nere poterit.*"

Friderici I. dipl. a. 1158. ap. Hund. Metrop. Sal. T. I. Ed. 1719. p. 78: „de moneta tertiam partem „— episcopus accipiat, *duae in usus ducis* conce„dant."

sen konnten. Durch die Verordnungen, daß alle Münzen blos an Einem Orte im Reiche geprägt werden, und die Negotianten ihr Metall nicht in kleinere Münze schlagen lassen sollten, ward in den, von dem Hoflager entferntern, Gegenden, der Umsatz auf eine drückende Weise erschwert. Der Wunsch, das Gewerbe auf ihrem Gebiete durch Erleichterung der Mittel des Umsatzes zu beleben, und dadurch ihre Zoll-Einkünfte zu vermehren, mußte demnach bey jenen Grundherrschaften das Bestreben nach Münzprivilegien vermehren. Wären auch die Könige Deutschlands fähig gewesen, die Folgen so vieler Privilegirungen vorauszusehn, so würden sie doch nicht stark genug gewesen seyn, den Zudringlichkeiten der hierarchischen und militairischen Aristokratie zu widerstehn. Die Geistlichkeit machte auch hier den Anfang, erregte die Nacheiferung der weltlichen Magnaten. Wer das Zoll- und Markt-Recht forderte, ließ gewöhnlich das Privilegium auf das Münzrecht ausdehnen; diese Nutzungen wurden als zusammengehörend angesehn. [1]) Daher ist die Ver-

1) Ottonis II. dipl. a. 974. ap. Schaten. annal. Paderborn. p. 317: „de quodam mercato, cum omnibus „*inde exigendi usibus*, id est, *moneta, teloneo*, vel „*quidquid ad publicum videtur pertinere mercatum.*“ Conradi II. dipl. a. 1035. ap. Lindenbrog. scriptt.

leihung des Münzrechts mit in den Urkunden über Zoll- und Markt-Privilegien enthalten. [1])

3.

Staatsnutzungen, durch die Verbindung der beiden Würden eines Deutschen Königs und Römischen Kaisers veranlaßt: Salinen und Bergwerke.

Es ist eben so unverkennbar als auffallend, daß bis gegen den Ablauf des elften Jahrhunderts bei allen, in den Urkunden und Annalen erwähnten, Salinen und Bergwerken, und später noch in mehrern, das Eigenthumsrecht der Grundherrschaft, seit diesem Zeitpunkt aber in vielen Fällen die Ansprüche des Reichs-Fiskus, aus allen Umständen hervorgehn.

Zuvörderst einige Beispiele, um diese Wahrnehmung zu belegen.

A. Eigenthumsrecht der Grundherrschaft.

a) Salinen.

Ein Graf Otto schenkte der Abtey Fulda ein Salzwerk in der Wetterau mit gewissen Gütern. [2])

---

rer. Germ. p. 137: „teloneum, *numismata*, nec non „omnes utilitates, *ad mercatum pertinentes.*“

1) S. oben.

2) Supplementa ad Eberhardi summaria traditionum

Ein Gutsbesitzer Ercanperaht im Saalgau schenkte derselben Abtey zwey Salzwerke mit den umliegenden Grundstücken. [1])

Der König Ludwig der Deutsche schenkte der Abtey Corvey ein Patrimonialgut, unter dessen Zugehörungen Salinen aufgezählt werden. [2])

Das Stift Freysingen benutzte Salzquellen auf seinen Allodialgrundstücken. Es erhielt von dem Könige Arnulf die Zollfreiheit für das, daselbst gewonnene, Salz, bei dem Transporte zum Verkaufe. [3])

Die Abtey Fulda besaß eine Salzkoktur in Brachau, die sie mit den umliegenden Ländereyen an einen Grafen Rudolf gegen gewisse andere Güter vertauschte. [4])

Das Erzstift Magdeburg hatte von Otto dem ersten einige von dessen Patrimonialgütern in

---

Fuldensium, ap. Schöttgen et Kreysig, dipl. et scriptt. hist. Germ. med. aevi T. I. p. 44.

1) Trad. a. 723. ap. Schannat. Tradd. Fuld. p. 137: „trado res proprietatis meae, — duarum salinarum „partem, quae ad me juste et legaliter pertinet.“

2) Ludovici, regis Franciae orientalis, dipl. a. 845. ap. Schaten. annal. Paderborn. p. 133.

3) Arnulfi regis dipl. a. 898. ap. Meichelbeck. hist Frising. T. I. p. 147: „sal, quod — de areis ecclesiae „redimatur etc.“

4) Ottonis I. dipl. a. 958. ap. Schöttgen. et Kreys. l. c. T. I. p. 18.

Thüringen, mit Salzwerken, erhalten, die es gegen andere Güter an die Abtey Fulda vertauschte. [1])

Einer Maynzischen Kirche schenkte Heinrich der vierte ein Erbgut in der Wetterau mit Salzquellen. [2])

Die Grafen von Holstein benutzten die Salinen zu Oldeslohn, und die Welfsche Familie die, zu Lüneburg, in der Eigenschaft als Grundherrn. [3])

b) Bergwerke.

Das Erzstift Salzburg erhielt von dem Könige Ludwig dem vierten ein Patrimonialgut mit Goldgruben. [4])

Zum Territorio eines Bayerschen Gutsbesitzers Albrich gehörten Eisengruben, in denen der Grundherr dem eben genannten Erzstifte Eisen ohne Grundzins zu graben erlaubte. [5])

Ein

---

1) Ottonis II. dipl. a. 973. ap. Schannat. l. c. p. 241.

2) Henrici IV. dipl. a. 1064. ap. Guden. cod. dipl. T. I. p. 24.

3) Helmold. Chron. Slav. l. I. c. 76.

4) Ludovici IV. dipl. a. 908. ap. Lünig. spic. eccl. P. I. contin. I. p. 948.
Philippi regis dipl. a. 1199. ap. Hund. Metrop. Sal. T. I. p. 53.

5) Dipl. de Concambio Albrici, a. 931. in (de Buat) Origg. Boicae domus, T. II. Append. N. I.

Ein Graf Siegfried übergab sein Erbgut Westergröningen im Harzgau, mit den, dazu gehörenden, Metallgruben, an die Abtey Corvey. [1])

In der Feldmark der, dem Kloster Lorsch gehörenden, Villa Wißloch, war ein Berg, in welchem Gold gegraben wurde, über dessen Nutzung der Abt verfügte. [2])

Ein Graf Arnold von Greiffenstein in Tyrol schenkte um die Mitte des elften Jahrhunderts eine Silbergrube zu Vilanders an das Marienkloster Neu Zelle. [3])

Unter den Zugehörungen eines Hofs zu Ekkenheim unweit Andernach werden Silbergruben aufgezählt [4])

Die Welfsche Familie besaß in den Bayerschen Alpen Eisenwerke als Erbeigenthum. Wenn sie Grundstücke mit Eisen-Adern an Geistliche verschenkte, so verlieh sie das sogenannte Bergrecht mit. [5])

1) Folkhimari, abbatis Corbej., dipl. a. 936. ap Leuckfeld. antiqq. Gröning. p. 175.

2) Anshelmi, abbatis Laureshamensis, dipl. circa a 1094. ap. Freher. origg. Palat P. I. p. 179.

3) Urk in v. Sperges Tyrolscher Bergwerksgeschichte, S. 32.

4) Friderici I. dipl. a. 1167. ap. Kindlinger. Münstersche Beytraege, Th. III. Abtheil. I. p. 63.

5) Henrici VI. dipl. a. 1189. ap. Hund. Metrop. T. III. p. 247.

B. Ansprüche des Reichs-Fiskus auf Salinen und Bergwerke, selbst auf den Alodialgrundstücken der Privatpersonen.

Einem Pfalzgrafen Friedrich bewilligte Heinrich der vierte das Recht der Salzkoktur in dem Thüringschen Städtchen Sulza, das zu den Familiengütern des Pfalzgrafen gehörte. [1])

Der Abtey Corvey verlieh Conrad der dritte das Bergwerksprivilegium in Ansehung aller, im Eresberge an der Dimel zu entdeckenden, Metalle; und dieser Berg war ein Alodialgrundstück der Abtey. [2])

Der Abtey Berchtoldsgaden gab Friedrich der erste ein Salz- und Bergwerks-Privilegium in Ansehung aller Ländereyen desselben, namentlich eines gewissen Gebirgsforstes. [3])

Dem Stifte Trident derselbe König das Bergwerksprivilegium [4])

---

1) Henrici IV. dipl. a. 1064. ap. Lünig. Reichs-Archiv, P. special. Contin. II. p. 761: „in loco *haereditatis* „*suae,* Sulza dicto, cocturam salis concessimus."

2) Conradi III. dipl. a. 1150. ap. Schaten. annal. Paderborn. p 786: „venas metalli, videlicet auri, ar- „genti, cupri, plumbi, et stanni, — — intra mon- „tem Eresberg, *qui Corbejensi ecclesiae jure proprie-* „*tario pertinere noscitur etc.*"

3) Friderici I. dipl. a. 1156. ap. Hund. Metrop. Sal. T. II. p. 122.

4) Friderici I. dipl. a. 1189. ap. Lünig. spicil. eccl. P.

Dem Stifte Minden, auf dessen Gebiete um das Jahr 1189 Silbergruben entdeckt wurden, [1]) bewilligte Heinrich der sechste zwey Drittheile der Ausbeute, einen Drittheil aber eignete er sich zu. [2])

Dem Grafen Poppo von Henneberg reichte Friedrich der zweite die Gold- und Silber-Gruben und die Salzwerke in dessen Allodialherrschaft zu Lehn. [3])

Dem Stifte Brixen verlieh derselbe ein Salinen- und Bergwerks-Privilegium. [4])

II. p. 915. 916: „de argentifodinis apud episcopa„tum Tridenti, quas jure nostro tam ibi, quam in „aliis imperii nostri finibus repertas, antiqui juris et „consuetudinis celebritas adjudicavit, tradimus etc."

1) Chron. episc. Mindens. ap. Pistor. cura Struv. T. III. p. 813.

2) Henrici VI. dipl. a. 1189. ibid. p. 829: „cum argen„tifodina, quae est in episcopatu Mindensi consti„tuta, ad jura pertineat imperii, et inter *regalia no„stra* sit computata etc."

3) Friderici II. dipll aa. 1216 et 1226. ap. Schöttgen. et Kreys. l. c. T. II p. 588: „in rectum et perpe„tuum feudum ei concessimus omnes argentifodi„nas, et tam alia quecunque metalla, seu saline fu„erint in terra sua a modo reperte, ut eas ad usum „suum convertat; et tam ipse, quam sui heredes, „sicut ad imperium et nos spectaret, cum universis „proventibus suis jure feodali teneant et possideant."

4) Ejusd. dipl. a. 1218. ap. Hund. l. c. T. I. p. 320.

Dem Herzoge von Bayern und Rheinpfalzgrafen Ludwig ertheilte eben dieser König ein unbeschränktes Bergwerksprivilegium in Ansehung aller seiner sowohl Alodial- als Lehn-Herrschaften. [1])

Dem Grafen Heinrich von Ortenberg gab der König und Mitregent Heinrich, Sohn Friedrichs des zweiten, ein Bergwerksprivilegium. [2])

Aus diesen Beispielen ergiebt sich unläugbar, daß der Grundsatz der Regalität des Salzes und der Mineralien erst seit dem elften und zwölften Jahrhunderte ist aufgestellt und geltend gemacht worden. Um die Meinung, die der Verfasser über die Veranlassung zu dieser Anmaßung der Könige dem Leser vorlegen wird, einzuleiten, muß er etwas in die Römischen Zeiten zurückgehn.

In der ganzen republikanischen Periode, auch groſsentheils noch unter den Kaisern, waren die

---

1) Ejusd dipl. a. 1219. ap. Freher. Origg. Pal P. II. „p. 82: „omne genus metalli, — quod in terris *pa-„trimonii* et feudi sui fuerit repertum, cum omni „jure et utilitate exinde perveniente, *et quam nos „ad imperium percipere deberemus.*"

2) Henrici regis dipl. a. 1229. ap. Hund. Bayer. Stamm-„buch P. II. p. 29: „omnia fossata auri et argenti, „sive cujuscunque metalli, quae in terra et bonis suis „inveniri poterunt, quae ad nos et imperium ex an-„tiquo jure approbato pertinere dignoscuntur."

meisten Salzquellen und Bergwerke Privat-Eigenthum. Von den Salinen, deren blos einige in Italien seit den ältesten Zeiten dem Staate gehörten, [1]) erhellt dies gelegentlich aber deutlich aus verschiednen Stellen der Gesetze; [2]) von den Metallen, überhaupt den Mineralien, theils ebenfalls aus den Gesetzen, [3]) theils aus historischen Angaben, besonders bei Gelegenheit der Nachricht, wie die Privatpersonen von den, auf ihren Grundstücken gewonnenen, Metallen, eine Grundsteuer an den Staat bezahlt haben, z. B. in Spanien vom Silber und Eisen, [4]) vom Bley, [5]) vom Mennig. [6]) Doch war diese Abgabe nur der Fall in den Provinzen ausser Italien, da in dem letztern, seit der Eroberung der metallreichen Länder,

---

1) Livius II. 9.

2) Dig. L. XXVII. tit. IX. l. 5. §. 1: „si salinas habeat „pupillus." — — L. XXXIII. tit. II. l. 32. §. 3: „in salinis, quarum ususfructus legatus esset."

3) Dig. L. XXVII. tit. IX. l. 3. §. 6: „si lapidicinas, „vel quae alia *metalla* pupillus habuit, — vel cre„tifodinas, *argentifodinas*, vel quid aliud huic si„mile etc."

Cod. Theod. L. X. tit. XIX. de metall. et metallar. l. 4. et 12.

Cod. Just. L. XI. tit. 6. l. 2.

4) Liv. XXXIV. 21.

5) Plin. L. XXXIV. c. 17. sect. 49.

6) Id. L. XXXIII. c. 7. sect. 40.

die Bergwerke nicht mehr bearbeitet werden durften. [1]) Die Usurpatoren, die nach dem Untergange der Republick als Monarchen auf einander folgten, und mit Hülfe des Militairs, dem sie allein ihre Macht verdankten, weitläuftige Provinzen mit dem Römischen Reiche vereinigten, besaßen große Privatreichthümer, ohne die ihnen die Usurpation nicht gelungen wäre. Dadurch entstand zuerst der Unterschied zwischen der bisherigen Staatskasse, und dem kaiserlichen Fiskus. Wer konnte Männer, die vermittelst des Militairs eine so große Ueberlegenheit hatten, an der Bereicherung ihres Fiskus auf Kosten sowohl der Staatskasse, als der Unterthanen, zumahl der, von ihnen erst unterjochten, verhindern! Willkührlich eigneten sich die Kaiser in den eroberten Ländern viele Grundstücke zu, auf denen sich ergiebige Salzquellen oder Bergwerke befanden; [2]) z. B. die Goldgruben in Spanien; [3]) besonders wenn dieser Confiskation dadurch der Schein der Rechtmäßigkeit gegeben werden konnte, daß die Eigenthümer an der Vertheidigung des Vaterlandes Theil genommen hatten.

---

1) Id. L. III. c. 20. sect. 24 et L. XXXIII. c. 4. sect. 21.

2) Sueton. in Tiber C. 49: „plurimis *civitatibus* et *pri-* „*vatis*, veteres immunitates, et *jus metallorum*, ac „vectigalia, adempta.“

3) Strabo, l. III. Ed. Almelov. p. 221. Casaub. p. 148.

Nicht also Berg- und Salz-Werke, die dem Staate und der Nation gehörten, sondern solche, die Privat-Eigenthum der Regenten waren. sind unter den sogenannten öffentlichen zu verstehn, zu welchen Verbrecher verurtheilt wurden. Freilich maßten sich die Kaiser an, ihr Privat-Eigenthum öffentliches Vermögen zu nennen, um unter diesem Titel der Staatskasse desto mehr Abbruch thun zu können.

Viele staats- und kirchenrechtliche Verhältnisse Deutschlands im Mittelalter, ja einige völkerrechtliche, sind bekanntlich die Folge der unseligen Verbindung der beiden Würden eines Deutschen Königs und Römischen Kaisers. Wenn gleich das Römische Kaiserthum der Germanischen Zeit gar nichts mit dem frühen gemein hatte, durchaus keine staatsrechtlich-militairische, sondern eine völkerrechtlich-hierarchische, Würde, seyn sollte; wenn gleich also dem Kaisertitel eine ganz andere Bedeutung untergelegt war: so verstanden entweder die Könige Deutschlands das Römische System, und ihre Bestimmung nicht, und hielten sich im Ernste für Cäsaren und Augusten; oder, wenn sie auch durchblickten, gaben sie sich gleichwohl das Ansehn Römischer Kaiser in der ältern Bedeutung, und suchten ihre doctrinelle Auslegung, der authentischen Päbstlichen zum Trotze, geltend zu machen. Daher die unaufhörlichen Mißverständniße und Feindseligkeiten zwischen den Päbsten und Kaisern; daher auch die Erschütterungen des Deutschen Staatsrechts, da die Regenten Deutschlands seit den Ottonen über dem Römischen Kaiser immer mehr den Deutschen König vergaßen.

Heinrich der vierte gehörte zu den Königen, die es am meisten gelüstete, den Römischen Kaiser zu spielen. Während seiner Minderjährigkeit waren die einträglichsten Reichsdomainen und Nutzungen eine Beute der zugreifenden prälatischen Reichsverweser und ihrer Anhänger geworden. Er fand geringe Hülfsquellen zur Unterhaltung seines Hofes, und zur Behauptung der Kaiserwürde, vor. Seine Regierung traf aber in die Zeiten des auflebenden Bürgerstandes, des erweiterten Handwerks- und Fabrick-Fleisses, der zur Aufsuchung der Metalle ermunterte. Da nun seit Heinrich dem vierten die ersten Spuren von Regalität der Salz- und Bergwerke vorkommen, so scheint der Ursprung derselben in der Misdeutung der Römischen Kaiserwürde, der Uebertragung derselben auf Deutschland, und der Nachahmung der habsüchtigen, ihren Fiskus vermehrenden, Römischen Kaiser, zu liegen. Verleitet durch falsche Vorstellungen von der Kaiserwürde, begierig, auf Kosten des Privat-Eigenthums die verringerten Einkünfte des Hofs zu vermehren, gereizt durch Insinuationen der Staatsbeamten, die als Administratoren den Raub theilten,

nahmen die Könige seit Heinrich dem vierten die neuentdeckten Salinen und Bergwerke für ihren Fiskus in Anspruch, wie sich die ehemaligen Römischen Kaiser deren viele in eroberten Ländern angemaßt hatten,

und nannten sie ihr Regal.

Auf diese Beeinträchtigung des Privat-Eigenthums zielen sehr wahrscheinlich die Sächsischen Großen in jener Zuschrift an den Römischen Bischof Gregor den siebenten, worin sie sich beklagen, daß der König durch Verschleuderung der Regalien fast mehr vom Raube leben müsse, als von fiskalischen Nutzungen. [1]) In den gesetzlosen, finstern Zeiten, wo der Mächtigere Alles wagte, und das Staatsrecht nicht bearbeitet war, vermochten wohl nicht viele, sich auseinander zu setzen, daß die Regalität der Salz- und Bergwerke eine Anmaßung war. An eine Widerlegung des Grundsatzes war nicht zu denken; man konnte ihm aber mit Leichtigkeit ausweichen. Um von Seiten des Fiskus und der öffentlichen Beamten nicht gestört

1) Literae Saxonum ad Gregorium VII. a. 1079. in Brunonis historia belli Saxonici, ap. Freher. scriptt. rer. Germ. T. I. p. 219.

zu werden, da der König zuweilen der stärkere war,

erwarben sich die Prälaten und weltlichen Großen die königliche Erlaubniß zur Benutzung der Salzquellen und Metalle auf ihren Privatländereyen,

wovon diese Benutzung den Namen eines königlichen Rechts erhalten hat. Die meisten Könige waren zu schwach jenen Grundsatz zu behaupten; um sich in den Zeiten der Anarchie Freunde und Parteigänger zu erwerben, waren sie freigebig mit Privilegien.

In den Wendischen Provinzen hat jedoch dieser Hergang der Sache nicht Statt gehabt, da dieselben nie in solcher Abhängigkeit von dem Könige und den Reichsständen gestanden haben, wie in den frühern Zeiten die Provinzen im Germanischen Deutschland; entweder, weil die Wendischen Territorien, bei der freiwilligen Vereinigung mit dem Deutschen Reiche, ihre Stammfürsten, blos unter Deutscher Hoheit behielten, oder, weil den Deutschen Fürsten, die sich auf Wendischem Boden eine Herrschaft gegründet hatten, die Eroberungen auf eigene Rechnung und Gefahr, als Privat-Unternehmung, gelungen war. Hier nahmen daher die Landesherrn, die großentheils zugleich Grundherrn waren, von jenem Regalitätsgrundsatze keine Notiz; trachteten daher auch nicht ängstlich nach Salinen- und Bergwerksprivilegien. Friedrich der zweite fand sich dadurch beleidigt, daß der Markgraf Dietrich von Meissen in Ansehung der Bergwerke, ohne zu fragen, nach dem Geiste des Altdeutschen Staatsrechts verfuhr. [1]) Ohne Einrede verkauften zwey Wendische Fürsten in Pommern die Stadt und Gegend von Colberg mit Zöllen, Salzwerken, Gold- Silber- und Eisen-Gruben, an den Bischof von Camin. [2])

Durch Administration benutzten die Könige keins von den angemaßten Berg- und Salz-Werken; sondern, da die meisten erst eingerichtet werden mußten, thaten sie dieselben an Privatpersonen auf Erbzins aus, gegen einen sogenannten Bergzehent. Diesen letztern veräusserten sie oft wieder, z. B. Friedrich der zweite trat den, von den Bergwerken bey Goslar, dem neuen Herzoge von Braunschweig-Lüneburg, Otto, ab. [3]) Wenn die weltlichen und geistlichen Fürsten königliche Berg- und Salz-Werke als Lehne erhielten, oder sich für die,

---

1) Chronicon Citiense, a. 1218. ap. Pistor. cura Struv. T. I. p. 1171: „Theodoricus, marchio Misnensis, in„sidiis imperatoris vallabatur. — — — Hanc mo„lestiam propter fodinas in Friberg passus est; quas „imperator libenter habuisset."

2) Barnimi patris, et Bugislai filii, ducum Slav., dipl. a. 1276. ap. Rango. Pomerania dipl. p. 166.

3) Chronicon Riddagshusense, a. 1235. ap. Meibom. scriptt. rer. Germ. T. III. p. 355.

auf ihren eigenthümlichen Ländereyen entdeckten und noch zu entdeckenden, Salzquellen und Mineralien, ein Privilegium erwarben, so ahmten sie häufig diese Benutzungsart nach. Daher kömmt es, daß in mehrern Gegenden Deutschlands Privatpersonen im Besitze von Salinen und Bergwerken sind.

4.

Staatsnutzungen, neuerlich in den Territorien entstanden, und fälschlich Regalien genannt.

Der Misbrauch ist bekannt, der in den neuern Zeiten mit dem Regalienwesen, der Sache und dem Namen nach, getrieben worden ist. Seit dem Aufkommen der stehenden, besoldeten Truppen, stieg das Bedürfniß größerer Einnahmen der Fürsten. Die Kammergüter waren meistentheils verlehnt, verkauft, verpfändet, verspielt; durch Besteurung war das Privat-Eigenthum schon stark genug in Anspruch genommen; Finanzkünstler bewogen daher die Fürsten, sich theils gewisse, bisher noch dem Grund-Eigenthümer zustehende, mineralische Produkte, theils manche Zweige des Kunstfleisses und Gewerbes, zuzueignen. Der Natur nach ist von allen diesen, neuerlich hinzugekommenen, Staatsnutzungen, blos das Postwesen eine solche. Die Geschichte des Ursprungs dieser Nutzungen ist in Ansehung der letztern, bekannt genug, in Ansehung der übrigen, ohne Interesse und kleinlich.

Aus völliger Unkunde nannte man dieselben Regalien. Man ließ außer Acht, daß dieser Name nur solchen lukrativen Rechten der Fürsten und Städte zukommen konnte, welche dieselben von den Königen schenkungs- oder privilegien-weise erhalten hatten, und von denen wieder einige wichtige an Vasallen abgetreten waren. Es ward herkommlich, ohne weitere Rücksicht auf diesen Erwerbgrund, alle Nutzungen des Staats ohne Unterschied, selbst diejenigen, königliche zu nennen, die nicht von den Königen schenkungs- oder privilegien-weise herrührten, sondern sich auf alleinige Anmaßungen der Landesherrn gründeten.

Druckfehler.

S. 17. Z. 8. von unten. l. mittlern.
— 25. — 7. — — del: dipl.
— 37. — 5. — — — die.
— 58. — 6. — — statt die (Summe) l. der.
— 63. — 4. — — nach: T. I. einzuschalten: P. I.
— 64. — 8. von oben, st. Oldeslohn, l. Oldeslohe.